奄美現存古語注解

茂野洋一

鳥影社

はじめに

明治二十九年に鹿児島県奄美大島南端の古仁屋で生まれた私の父茂野幽考（本名栄良、昭和六十三年没）は、昭和二年に『奄美大島民族史』を東京・岡書院から出版しました。その時、柳田国男から「君は、南の島の研究をしなさい」と励まされたことで、その生涯を奄美大島の民俗の研究等にあたりました。戦前は奄美大島で新聞記者、上京して東京市役所、戦後は鹿児島県立図書館に勤務、定年退職後は研究一途の生活を送りました。在野の研究者ですから、調査費用などは全て自己負担です。書籍は専ら鹿児島県立図書館を利用し、「あれは自分の蔵書だ」と豪語していました。（昭和二十年の空襲で鹿児島市のほとんどが焼失しましたが、城山の麓にあった鹿児島県立図書館は、貸し出し中の書籍を失っただけで貴重な資料を含め蔵書のほとんどが残りました。）欲しい資料や古書は借金をしてでも手に入れ、不要になると売って新たな資料を求めるというやりかたでしたから、家は相当に苦しい状態が続きました。そして、父の死後残ったものは、他人から見れば紙屑同然の手書きのカード（B5用紙）と借金です。カードは、縦に積み上げると私の胸の高さになり、呆然となったのを覚えています。

戦後、沖縄と奄美の島々は米軍の統治下に入り、日本本土と切り離されました。研究対象地に足を踏み入れることの出来ない父は、図書館の蔵書を基に「奄美方言」と「奄美民謡」の研究を続けていたのです。カードを整理していて、父が出版を考えていたことが分かりましたので、私の手で実現しようと考えました。奄美民謡については、既に多くの著作物が世に出ています。そこで、これまで誰も手をつけていない奄美に残る古語の研究を、私の手で完成させたいと思い整理を始めたわけです。

『方言には、日本の古い言葉が残る』という説があります。(たとえば、鹿児島方言で豆腐のことを「おかべ」といいますが、白い漆喰塗りの築地の「御壁」からきたという説です。)父は、その実証を奄美方言で試みようとしたようです。父は私に研究を継いで欲しかったようですが、出鱈目な金銭感覚と自分勝手な生き方を見て、私は拒否し続けました。しかし、大学で国語国文学を専攻したことが、これを編むのに役立ったような気がします。

昭和二、三十年代の紙やインクの質は悪く、また本人の悪筆と走り書きも重なって、なかなか判読出来ませんでした。確認や、加筆訂正に時間をとり、在職中何度も中断を重ね、定年退職後に完成にこぎつけたわけです。

なお、資料の全ては、父の故郷である奄美大島の瀬戸内町立図書館郷土館に寄贈してあります。

平成十九年　初秋

茂野　洋一

序

茂野幽考本人が昭和五十九年三月に記した「文部省人文科学研究助成金申請書」の下書きをもって序にかえる。

歴史的地理的に特殊な条件下にあった奄美大島に、奈良・平安時代の古語が今日に伝えられ日常語の中に多くの古語が現存していることは、多くの研究者が夙に指摘しているところである。しかし、今日までこれを正しく証明する研究がなされていない。私は、明治・大正・昭和の三代にわたり奄美方言の中に育ち南島語を使い理解する経験を持った。そして、約半世紀にわたって集めた奄美琉球の数千の民謡と古典や古歌とを対照して、奄美の方言に現存する古語に注解を加えようと思ったのである。これにより、古語と古俗を残す民俗文化の研究に新しい問題と資料を提供することになると思う。

多くの古典を参考にしたが、中でも金田一京助先生の「古語辞典」・佐々木信綱先生の「万葉集事典」・東條操先生の「方言事典」・土屋文明先生の「万葉集年表」に負うところが多い。また、新村出先生と柳田国男先生には、直接指導を受けたことがある。

以下は、『奄美現存古語注解』研究の動機を得た古言である。

徒然草　第二二段　吉田兼好

なに事もふるき世のみぞしたはしき。今やうは無下にいやしくこそなりゆくめれ。……文の詞などぞ昔の反古どもいみじき。ただいふ言葉も口をしうこそなりもてゆくなれ。

玉勝間　巻八　本居宣長

ゐなかに古のわざの残れる事、詞のみにもあらず万のしわざにも片田舎には、古ざまの雅たる事の残れる類多し。さるを例のなまさかしき心ある者のたちまじりては、かへりておこがましく覚えて改たむるから、いづこにもやうやうに古き事の失せゆくは、いと口惜しきわざなり。葬礼婚礼など殊に田舎には古く面白き事多し。すべてかかるたぐひのことどもをも国々のさまを海づら山がくれの里々まであまねく尋ね聞き集めて、物にも記しおかまほしきわざなり。

・・・・・・・・・・・・・・・・・・・・・・・・・・・・・

凡　例

見出し項目は、ひらがなの太字で示し、動詞・形容詞は、原則として終止形をあげた。
見出し項目に漢字を当てることができる場合は、【　】の中に相当する漢字を当てた。
用例は「　」で、出典は〈　〉で囲んで示した。

あ

あ【我・吾】（代名詞）わたし。自称の人称代名詞

あ（感動詞）ああ。呼びかけや応答の語。

あ【彼】（代名詞）あちら。遠称の指示代名詞。奄美では、「あれ」・「あま」を多く用いる。「あま」は、「あ」が彼方・向こうの方の意味、「ま」はところ・間の意味を表す。「あま」の反対語は「こま」で、近称の指示代名詞。近い場所を指して言う。

あい（感動詞）いや。違う。拒否の意味や否定の気持ちを表す語。「あいや」の簡略化したもの。「あいや、さらではないぞ」〈狂言・柿売り〉「否と拒むときアイと答ふ」〈奄美史談・都成植義〉

あうら【足占】（名詞）歩数で吉凶を占う。決めた所までの歩数が偶数か奇数で吉凶を占う。「月夜良み門に出で立ち足占して行く時さへや妹に会はざらむ」〈万葉集　巻一二―三〇〇六〉

あか【赤】（名詞）血・朱色・丹色を含めての赤い色の総称。奄美ではカ行音がハ行音に転化するので「あは」という。「あはにちゃ」は赤土の意味で、「に」は、丹色の事である

あか【淦】（名詞）船底にたまる海水。板の合わせ目から海水が浸み出て船底にたまる。「あかとり」は、その海水を汲み取る道具。「これは船のあかをかゆる柄杓でありやる」〈狂言・船頭聟〉「船は新

造で乗り良いけれど素人造りであかが入る」〈土佐民謡〉

あかがり【明がり】（名詞）明るいこと。奄美では「あはがり」となる。「くらがり」の反対語。「がる」は、上の語を動詞化する接尾語。

あかぎ【赤木】（名詞）名瀬市にある県立大島高等学校の校庭に周囲三メートルの赤木の大木あり。防風林に適している。与論島では、若い葉を切り取って水田の肥料とする。『延喜式』（九二七年）に「太宰府南島を管し方物は赤木を貢す」とあり、上代において南島より大和朝廷への貢物であったようだ。

あかす【明かす】（動詞）夜明けを待つ。夜を徹して朝に至る。「若草の思ひつきにし君が目に　恋や明かさむ長きこの夜を」〈万葉集　巻一三―三三四八〉

あかし【明かし】（名詞）燈火・燈明・松明。松脂の多い部分をも言う。丁寧に言う場合は「おみあかし」と言う。「みあかしの影ほのかに透きて見ゆ」〈源氏物語　夕顔〉

あかし【明かし】（形容詞）明るい。偽りがない。

あかとき【暁】（名詞）夜明け。朝早く。「吾が背子を大和へ遣るとさ夜更けてあかとき露に吾が立ち濡れし」〈万葉集　巻二―一〇五〉「このごろのあかとき露にわが庭の萩の下葉は色づきにけり」〈拾遺集　一七〉

あかひげ（名詞）名状ともにこまどりに似て、「りゅうきゅうごま」「ちょうせんごま」といわれる。

あかほし【明星】（名詞）金星のこと。南の中空で暁に深紅にきらめくので、赤星の名がついた。

あかめ【赤女】（名詞）鯛の古名。奄美では「あはめ」という。「あはうるめ」・「あをうるめ」ともいう。

魚の名。

あから【赤ら】（語幹）赤みを帯びて美しい。明るく照り輝く意味。「月待ちて家には行かむわがさせるあから橘影に見えつつ」〈万葉集　巻一八―四〇六〇〉

あかり【明かり】（名詞）光。灯火。明るいこと。「わたつみの豊旗雲に入日さしこよひの月夜きよく明かりこそ」〈万葉集　巻一―一五〉「海原の道遠みかも月読のあかり少なき夜はふけにつつ」〈万葉集　巻七―一〇七五〉

あがり【上り・揚がり】（名詞）上せていること。上気していること。「雷いかずちを騒がしたるためしあがりにはありける」〈源氏物語・若紫〉

あがりかまち【上り框】（名詞）家の上り口にある框。「九尺二間のあがりかまち　朽ちて」〈にごりえ　樋口一葉〉

あかりしょうじ【明かり障子】（名詞）障子のこと。奄美では常用語である。「古しょうじといへるは、今の障子にあらず。襖のことにて、賢聖の障子または荒海の障子といへる類みなこれなり。今の紙障子は、その後にできし物にてこれを明かり障子といへり」〈類聚名物考〉

あかる【赤る】（動詞）赤くなる。赤みを帯びる。「明かりにあかりまさむ」〈祝詞式〉「あかれる少女」〈応神記〉「あかる夜」〈奄美歌〉

あがる【上る】（動詞）空高く上がる。「上がる日のはるかな」〈奄美歌〉「うらうらに照れる春　日に雲雀あがり　こころ悲しもひとりしおもへば」〈万葉集　巻九―四二九二〉

あかれ【別れ】（名詞）別れ。夫婦別離。琉球の古歌に「あ痛　生爪（なまずめ）や、痛（や）でとあかれゆる。やまなしゆて　あか（別）る　あれ（彼）と我と親別れ妹乳あかれ。」「おぼこらしや思いはきやし　知らぬあかれ　夜さり夜なまし踊りてたぼれ」

あがれ（名詞）東。奄美では太陽が昇る東方をいい、動詞の「上がる」が名詞化したものである。「あがれ立ち雲ぬ行き別れ見れば　加那と別れゆるさまどあゆる」〈奄美歌〉「あがれから　み船黄金積み足らし　黄金積み足らしうしゆけおせろ」〈奄美歌〉「あがれむなしま」〈東の無人島―沖永良島の伝説〉

あきづ【蜻蛉】（名詞）とんぼ。「あきつ羽ににほへる衣われは着じ　君に奉らば夜も着るがね〈万葉集巻十―二千三百四〉

あぎ【顎】（名詞）口中の上部の骨。うわあご。顎・えらの古名、うはき（上牙）の約。「顎、口中上顎。阿岐。魚の鰓。〈倭名抄〉

あくがる【憧る】（動詞）ふらふらと出歩く状態。人には七つの魂があり、その魂が身体から外へで歩く状態。「浮き世のあくがる」は、ぼおっとするほど慕わしく思う意。奄美では魂を呼び戻すために、のろにより呪咀が行われた。「いさよふ月にゆくりなくあくがれむことを女は思ひやすらひ、とかくのたまふほどに、にわかに隠れて」〈源氏物語・夕顔〉

あくた【芥】（名詞）ごみ・塵　「散りぬればのちはあくたになる花を思は知らずもまどふ蝶かな」〈古今集　僧正遍昭〉

あぐむ（動詞）ことが面倒になり厭になること。困った風をする。両足を組んで座り頬杖をついて思案する。「住用くらかみに糸縁はむすで坂川に思ひあいて居ても居や乾るどもが縁や十一代」〈奄

美歌〉「こんどの軍はさだめて手痛からんずらんとあぐんで思ひけるが」〈太平記〉

あげうた【上げ歌・挙げ歌】（名詞）高音で歌うこと。かん高い女性の歌声。琉歌などに多く、民謡など歌っている途中、突如女性の声で一オクターブ高音の歌声が飛び出し、興を添える。奄美大島の八月踊りでよく聞かれる歌声である。

あくさまる（動詞）嫌気がさす。「あくさまらる」は、ひどく嫌われること。

あご【吾子】（名詞）自分より下のものに対して、親しんで言う時の言葉。「弁の乳母の御共に候が、さし櫛を悪しくさしたるぞとこそ仰せられかる」〈大鏡〉

あごがね（名詞）幼きものを寵愛すること。

あごめ【吾子女】（名詞）身分賤しい女性。

あさて（名詞）明後日。「あすあさてまでもさぶらひぬべし」〈枕草子〉

あさばな【朝花】（名詞）朝顔。奄美民謡に『あさばな』という祝歌がある。

あさびらき【朝開き】（名詞）朝の船出。「朝びらき漕ぎ出てわれは由良の崎釣りする海人を見て帰り来む」〈万葉集　巻九―一六七〇〉「珠洲の海に朝びらきして漕ぎ来れば長浜の湾に月照りにけり」〈万葉集　巻一七―四〇二九〉「難波津に船を浮けするゑ八十楫貫き　水手整へて朝びらき　我は漕ぎ出でぬと家に告げこそ」〈万葉集　巻二十―四四一三〉「今年の春けさり（二月）の月まどひ（円）の三日に船出まして、その夜屋久島にはた（着）し給ひ、あすあす（翌々）の5日の日の朝びらき刻ゆ、北風頗る吹きて穏ひなす。」〈奄美上代記〉

あさみち【浅道】（名詞）水中にある浅くて歩いて通れる所。「あさみちをば我ばかりこそしりたれ」〈宇治拾遺物語〉　琉歌　大田名節（伊平屋島の歌）「大田名の嫁やなり欲しや　あまが石原あさ道の踏みあぐ（厭）で　石原あさ道や踏みや踏まはも大田名の嫁やましやあらね」

あさみち【朝道】（名詞）夜明けの道。女性に逢って朝帰りに通る道との説もある。「うちはへてあな風寒むの冬の夜や　ましろに霜のおけるあさみち」〈人丸言泉〉

あさもよひ【朝催ひ】（名詞）朝食の支度。朝の食事時。朝の寄り合い。神事を行うために早朝一か所に集まり、朝食を共にする事。「あさもよひとは、人の食ふ飯炊くを言うなり」〈風土記〉「もよふ」は、寄り集まる事。「もより」は、隣近所。寄り合い。縁続き。種子島の民謡「さまとわたしは　いそうつ波よ　もようてわかれて　またもよう」

あさる【漁る】（動詞）食物を捜し求める。ものを捜す。魚介や海藻を捜し求めること。

あざり【漁り】（名詞）漁。漁をすること。「あざりする人とを見ませ　草枕旅行く人にわが名は告らじ」〈万葉集　巻九―一七二七〉

あじ【阿司】（名詞）奄美の島守の名称。「あじがなし」は、村阿司。徳之島では男性の敬称として「あじゃ」を用いる。「其邑阿自久就於此村造宅居之」〈豊後国風土記〉

あしあげ（名詞）部落の祭壇の神殿。集会場を兼ねた祭場。「即ち日向自り発幸して、筑紫に御でましき。故豊国の宇佐に至りませる時に、其の土人は宇沙都比古、宇沙都比売二人、足一騰宮を作りて大御饗献りき」〈古事記〉「宇佐の国の川上に一柱騰宮を造りて」〈日本書紀〉

○琉球歌―きいふうぞう（木宝蔵）「あしやぎからのぼて　花のじょう口村遊び　並里も　恋し兼次まなも比のすちゃに遊ばりしゅら　このからがしちょて　年が寄よち（並里　兼次＝地名　毛

＝森や岡のこと）

あしかし【足枷】（名詞）次項に同じ。
○奄美歌「漁りや　六間切とよまれのあしあげ　中平に見りば　阿旦木柱根柱なりゃ」

あしかせ【足枷】（名詞）刑罰の道具の一つ。罪人の足にはめて自由を奪う刑具。「機阿之加之、穿木加足也」〈和名抄〉

あしがに【葦蟹】（名詞）葦の生えた水辺に棲息する蟹。「浜蟹」ともいう。「おし照るや難波の子江にいほ造り　隠りてをる葦蟹を　大王召すと何せむに……」〈万葉集巻十六―三八八六〉

あしずり【足摺り】（名詞）嘆き悲しむこと。子供が足を擦りあわせて泣くこと。「渚に上り倒れ伏しをさなき者の乳母のなどを慕ふやうに、あしずりをして」〈平家物語　巻三〉　足で地を踏み摩る。あがく。じだんだをふむ。「立ち踊り足すり叫び伏し仰ぎ胸打ち嘆き　手にもてる吾が子……」〈万葉集巻十六―三八八六〉「足摺をして泣けどもかひなし」〈伊勢物語〉

あせ【我兄】（代名詞）男性を親しんで呼ぶ対称の代名詞。「尾津の崎なる一つ松　あせを人にありせば　太刀はけましを　衣きせましを」〈古事記〉

あそび【遊び】（名詞）遊ぶこと。歌舞音曲。神楽。音楽を奏すること。魂を呼び迎えて鎮めるための歌舞。奄美では、今日なお歌・三味線の遊楽のことをいう。「夜ふくるまで遊びをぞしたまふなる」〈源氏物語・桐壷〉
○奄美歌「これほどぬあそび　くみたててからや　夜の明けて　てぃだぬ上るまで」てぃだ＝太陽
「春さらば会はむと思ひし梅の花今日の遊びに相みつるかも〈万葉集巻五―八三五〉

「如比行定而。日八日夜八夜遊也」〈古事記〉葬送の役を定め任じて、八日八夜踊り舞い遊んだ。霊魂の復活を促す祭祀。

○南島雑話・葬送「庚申の日、先祖の墓に詣で九族集会して終日酒盛りす」

あそびありく【遊び歩く】（動詞）遊び歩く。「赤駒にしつ鞍うち置きてはひ乗りて遊びあるきし」〈万葉集　巻五―八〇五〉

あそびくらす【遊び暮らす】（動詞）遊んで日を暮らすこと。「梅の花咲きたる園の青柳を　かずらにしつつ遊び暮らさな」〈万葉集　巻五―八二五〉

あそびさかり【遊び盛り】（名詞）遊びに夢中になること。子供のこと。「しのひつつ遊ぶ盛りを　天皇の食国なれば……」〈万葉集　巻一七―四〇〇六〉

あそびなぐ【遊びなぐ】（動詞）遊び慰める。「菖蒲草　蓬かづら　酒宴遊び慰ぐれど……」〈万葉集　巻一八―四一一六〉「なぐ」は、和ぐ。和らぐ。静まるの意味。「妹を見ず越の国辺に年経ればわが心神の和ぐる日もなし」〈万葉集　巻一九―四一七三〉

あそびもの【遊び物・遊び者】（名詞）玩具。遊女。好色の女。「人々に遊びものまゐらせよと仰せられければ」〈大鏡・伊尹伝〉

あた【尺】（名詞）上代の長さの単位で、親指と中指（人差し指）とを広げた長さ。「八尺を訓みてやあたといふ」〈古事記〉　奄美では、明治末年頃まで、この単位を用いて布衣を絶ち、着物を縫っていた。大人の「一あた」（指巾）は、上代の尺度・高麗尺の約五寸、曲尺の約四寸に当たる。「一やた」（一あたの八倍）は、曲尺の約三尺二寸余に当たる。短い距離や狭い土地の意味もある。「不辨尺」一寸先の見えないこと。

あた（感動詞）驚いたときに発する語。

あだ【徒】（形容動詞）無駄だ。甲斐がない。はかない。つまらない。役に立たない。愚かなこと。災いの種。まごころがない。「かたみこそ今はあだなれこれなくば忘るる時もあらましものを」〈古今集　巻一二—七四六〉

あだくらべ【徒比べ】（名詞）男女が互いの不実を言い合うこと。「あだくらべかたみにしける男女の忍びありきしける」〈伊勢物語〉

あだごころ【徒心】（名詞）浮気心。真心がない。

あたた（副詞）急に。間一髪の意味。

あただん・あただに（副詞）急に。にわかに。〈物類稱呼（江戸時代の方言集〉に「あただには、伊予の方言にて、あはただしの転じたるにや」とある。日向・阿蘇地方の方言にもみえる。

あだばな【徒花】（名詞）むだ花。咲いても実を結ばない花。「あださくら」咲いても散りやすい桜。

あたゆまひ（名詞）「ゆまひ」は、「やまひ（病）」の転。急病のこと。喜界島では、脱腸のことを「あたまひ」と言う。「布多ほがみ悪しけ人なり　あたゆまひわがする時に防人にさす」〈万葉集　巻二〇—四三八二〉

あたら（副詞）もったいない。大切な。「秋の野に露負へる萩を手折らずてあたら盛りをすぐしてむとか」〈万葉集　巻二〇—四三一八〉

あたらし（形容詞）もったいない。鹿児島方言の「あったらしか」も同じ意味。「沼名川の底なる玉求め

て得し玉かも　拾ひて得し玉かも　あたらしき君が老ゆらく惜しも」〈万葉集　巻一三―三三二四七〉

あたらよ（名詞）明けるのが惜しい夜。「玉くしげ明けまく惜しきあたら夜を衣手離れてひとりかも寝む」〈万葉集　巻九―一六九三〉

あたり【辺り】（名詞）近いところ。我が家の当たり。住居。家庭。屋敷内の畑や家周辺の畑。「春の野にあさる雉の妻恋いに　己があたりを人に知れつつ」〈万葉集　巻八―一四四六〉　奄美では、屋敷内にある畑、家の付近にある畑のことをさす。

〈おもろさうし　巻一四の二〉

一　はなぐすく　あんじつきのおおや（花城　按司　大親）
又　はなぐすく　ちゃらつきのおおや
又　ひとりぐゎの　やぐさぐわはなちへ　おちゑ
又　ほか　あたりに　内　あたりに　あへる
又　はつかりやが　したしらびよは　ゑらで
又　たぢゑらびに　すぢゑらびに　ゑらで
又　はたよみやは　みしよ　よみやは　しちへ　おちへ
又　はなぐすく　いぢやかはに　おれて
又　おもひかけず　しよりあくかべ　いきやて
又　まひとたも　こが　みぼしや　ありよれ

又　おきてたも　こが　きょらさありより

あだん【阿亘】（名詞）たこのき科の植物。奄美本島「アダン」・「アダネ」　与論島「アダン」・「アザンバ」阿亘の葉。与路島「アダン」「アザンミ」　阿亘の実は、奄美大島産繊維植物として重要なものの一つである。葉を裂いて晒して繊維として利用する。明治時代、パナマ帽子の代用品を作った。また、日用品として、「アダンサバ（阿亘草履）」がある。与論島では、七月の盆に阿亘の果実二個を供える。実は、パイナップルに似ているが、味は良くない。子供たちが食べた。花は、凶年の際には、食用になったという。砂浜や珊瑚礁を問わず海岸に密生して防風林となっている。奄美の民謡に「喜界や六まぎり　阿亘あばりや　根ばりや」の歌がある。

あつらね【阿津良根祭】（名詞）虫追いの祭り。ハブ除けの祭り。田の泥水をかける行事。田の泥がハブを追うことにつながるという信仰があったのか。水田の耕作初めの行事。

『南島雑話』

「四月初壬にアツラネと云う事あり。これは蝮（はぶ）が出ぬやうにとの祭なり。名瀬間切は他所より往来の人あれば、一四・五才の児童相集まりて、釜土の泥を打ちつけて、誰人に限らず追払ふ。追払はざる時、其の年に蝮多しといふ。中にも伊津部の追方厳しく、泥或は石を抛て、稀には疵も打出すといへり。往古よりの仕来りといひて疵付けられても争に勝べからず。追時は、往来の人を後返させて、後よりアツラネアツラネと云ひて、頭上、肩、臂の差別なく泥を打ちつけて追い払ふ。類族の人など、よんどころなく村内へ用事にて踏入る時は、児童ども追方遠慮すれども、屋中へ入る時は火の燃切を越すさせて入ると云へり。外の間切もアツラネの遊びはすれども、人を追払ふ事なし聞けり。当日は終日作を止めて遊ぶ。他邑より来る人を防ぎ、又何にても長きものを忌む。もしも他邑より殿のかなしの他に御用封（献納酒）を持ち来るものも、村童礑を打事有り。長きものを忌む反鼻蛇（はぶ）除けの祭なり。

あと・あど（名詞）足。きびす。かかと。あしもと。足の古語で、神代記に「頭辺比云摩苦羅陛、脚辺比云阿度陛」（頭辺比れをまくらべといひ、脚辺比れをあどへといふ）とある。「父母は枕に方に妻子どもはあとの方に囲みゐて」〈万葉集　巻五―八九二〉

あどなし（形容詞）たわいない。子供っぽい。はかない。「はかなげなる　あどなしをして遊び侍りしが」〈方丈記〉

よべみちゃるいめの
まよなかのいめの
いめや　あどなもの
いめけろせたもの
おなりだち　へとおもて
えけりだちとおもて
〈おもろさうし　巻一二の七九〉

あないち【穴一】（名詞）子供の遊戯。地面に小さな穴を掘り、銭を投げ込んで勝負を決める。入れただけい自分のものとなる。正月遊びとして行われた。「坊はおとっさんやおかかさんが大事だよ。穴一やたから引は、しねえもんだねえ」（心学早艸　京伝　寛政一年）

あばく【発く】（動詞）隠し事を発いて世に現すこと。秘密を発き立てる。土を掘り開きて埋まりたるを出だす。掘り出す。（ひとをあばき言はむとてかへりて我が名をくたす類もおほかめり。」（琴後集　巻一三）

あばし（名詞）河豚。ふぐ。奄美・琉球に産す。

あばしぐち（名詞）河豚に似ている人の口。

あはれ（感動詞）ああ。ものに感動して発する語。喜怒哀楽にかかわらず言う「あはれは諸共に出でゆく道ならばうれしかりなむ」〈増鏡　第一六〉

あはれ（名詞）哀れ。悲哀。もの悲しさ。人情。「もののあはれは秋こそまされと人ごとにいふめれど」〈徒然草　第一九〉

奄美民謡

おなごみのあはれ　糸柳心　風のおすままに　なびちいきゅり

奄美民謡（やちゃ坊節）

やちゃ坊ちば　やちゃ坊　　野茶坊てば　野茶坊よ
島ぬ知らぬ　やちゃ坊　　郷里を知らない　野茶坊よ
やちゃ坊　身のあはれ　　野茶坊の　哀れさよ
島ねん　やちゃ坊　　郷里のない　野茶坊よ
きもちゃげさや　山育ち　　可愛そうに　山育ち者よ

あはれさ（名詞）哀れなこと。

おおご・あふご【朸】（名詞）物を荷う時に用いる棒。天秤棒。和名抄に『朸、和名阿布古杖名也』」類聚名物考に「朸　あふご　負籠　二つの義有り、一つは旅籠の類にて物入る葛籠をいふもあり。またはそれを荷ひもつ棒にて有るなり。今も摂津国大阪の方言には、棒をあふごといふなり」とある。「あるもの手まさくりに掻栗をあふこにして」〈蜻蛉日記〉

あおい・あふひ【葵】（名詞）海岸地帯に自生する草の名。高さ二・三センチに葉は長柄を持って互生し、秋にむかって開花、亜熱帯の原産で古く我が国に渡来する。

琉球歌

すて（捨て）とうじ（妻）と思って
捨て言葉するな
あふひの花　見りょ
しり向かて　咲ちゆさ

「梨棗　黍に粟継ぎ　延ふ田葛の後もあはむと葵花咲く」〈万葉集　巻第十六　三八　三四〉

○りゅうきゅうあおい（琉球葵）全林粗毛あり。七・八月の頃黄色の花咲く。奄美琉球・台湾の海岸地帯に自生する。常状葉・葉脈に開花。

あぶりほす【あぶり乾かす】（動詞）乾かすこと。「あぶりほす人もあれやも　濡衣を家にはやらな旅のしるしに」〈万葉集　巻第九　一六八八〉

あぶりもの（名詞）炙

あぶる（動詞）ものを干すこと。乾かす。

あま（名詞）母親。「あまとじ」とも言う。「とじ」は、一家の主婦。

奄美民謡

あま（母）に　尋ぬれば　芭蕉うみしゅり

ちち（父）に　尋ぬれば　行きゃばむ　もらばむ

あまゆ（動詞）甘える。いい気になる。慣れ親しむ。我がままになる。「父夕霧を御息子の御覧にてあまへ給ふ」〈源氏物語・夕霧〉

あまをりをなご（名詞）天女。

琉球筆記　宝暦十二年　戸部良熙

十年程以前、琉国に珍事ありし。與那原と言ふ所へ、天女二人天下り、人の目にも見へし。其の処に川あり。それにて水など遣ひ遊びたりし。さまざま神変なること有りしは、いかさま数日見へ其近辺の者は皆見たりし由なり。その後其の天女の降りし所をば清め祭り、今に人皆拝礼渇仰をなせりと潮平（潮平親区も上、土佐の大島に漂着の琉球要人）及び其の他の者もいへり。

あまがける【天翔る】（動詞）神や人の霊が天を飛びかける。「雲を押し分けて、天翔りて国翔りて、天の下を見回りて返事申したまはく」〈祝詞・出雲国造神賀詞〉

あまかづら【甘葛】（名詞）あまづらとも。「あまかづら」というつる草の一種で、つるに甘みがある。昔砂糖がなかった時、甘葛の茎葉の汁を取り煎煉して、食物に甘みをつける料とした。「一斗ばかりの金の瓶二つに、ひとつは蜜ひとつにはあまづら入れて」〈宇都保物語・蔵開上四二〉「二月のことなりけるに雪にあまづらをかけ、二品にすすめたりけり」〈著聞集一八　飲食〉「あてまるもの削氷のあまづらに入りて」〈枕草子　四二〉

奄美民謡　八千代の歌

若木まつぶる　あまづらあらめ
花の緑くめよ　あだにするな

あまぐも【天雲】(名詞)雲。「天雲の寄り合ひ遠み　会はずとも異し手枕われ　巻かめやも」〈万葉集巻一一　二四五一〉

あまだ(名詞)囲炉裏の上に吊ってある簀棚、または棚板。京都府竹野郡・壱岐・奄美大島に見られる。

奄美民謡

あまださがりぬ　いゆくかまち
にちゅておせろ
かんもれかんもれ　うつちゆんきゃ
あまだいうのさがて
まや(猫)のめぬだるさ
きょらとじかめれば
わがめのだるさ

あまだり【雨垂れ】(名詞)軒の雨だれが落ちる所。「二人相具して郡の司の家におはして、あまだりの

もとに居たまへりしかば」〈水鏡〉

あまてる【天照る**】**（動詞）空に照る。「ひさかたの天照る月は　神代にか出でかへるらむ年は経につつ」〈万葉集　巻七　一〇八〇〉

あまのかわ【天の川**】**（名詞）銀河。「天の川相向き立ちて　わが恋ひし君来ますなり紐解き設けな」〈万葉集　巻八　一五一八〉

奄美歌

天の川なま（今）や　はえ（南）とにし（北）
夜の明け次第　いり（西）とあがり（東）
天の川　天はくだめ
一年ぶり照ゆる星さへも
ゐのりの七夕や　つきよちたぼれ

平家の落人が、北から源氏が追ってくるのを恐れて「去（い）にし」の意味で、北を「ニシ」と呼ばせ、太陽が海から上り海に入るところから、東を「アガリ」、西を「イリ」というようになったという。

琉球歌

でかよ　天の川　島横になたむ
今日や立ちもどて　明日遊ぼ
さらば　たち別れ　明日の夜いもれ

明日の夜いもらば　まこと語ろ

あまひ【天日】（名詞）太陽。

奄美歌

今日のよかろ日に　あまひあかづらし

かけふさいみしょれ　島のながさ

み栄えあれ　島のあるかぎり

あまみ【奄美】（名詞）奄美大島。古くは「海見嶋・阿麻彌」と書かれている。

日本書紀　巻二六

齊明天皇記（六五七）三年秋七月丁亥朔已……漂泊于海見嶋及以駅名

天武記十年（六八二）八月丙戊……多彌国……其国去京五千里

十一年（六八三）七月丙辰……阿麻彌人賜祿

文武天皇二年（六九八）七月辛未……多彌、夜久、奄美

八月己丑巳、奉于南島献物上于伊勢大神宮及諸社

續日本記　巻六

元明天皇和同七年（七一四）十二月戊午・率南嶋、奄美……球美等五十二人至自南島

伝信録

……水行三日可達、其長百三十云々、有四書五経唐詩等書、自稱小琉球

續日本記　巻六

霊亀元年（七一五）春正月甲申朔　天皇大極殿受拝、皇太子初加礼拝、朝陸奥、出羽、蝦夷兼南嶋、奄美、夜久、度感、信覚、球美等……
神亀四年（七一七）聖武天皇十一月乙己南嶋人百三十二人来朝叙位有差
　白尾国柱「賎麻玉木」
奄美今の大島也。奄美又作海見。猶大島に海見嶽あり。又大島の沖を海見津門（あまみつのと）といふ。

あまみつ【天満つ】（名詞）天の光りの満ちている海中
　奄美歌
あまみつのとなか　ななのふねうけて
里さ走ゆり　吾さまみふね

あまみこ【阿麻彌姑】（名詞）南島開闢の女神。志仁礼久男と共に、日の神に生をうけ、天より降り国を造り五穀の種を蒔き、人間生活の道を開く。「あまみこ、しにしれく両神は笠利の奄美岳に天下り給へり」と言い伝えられている。
　奄美歌
あまみこの御神　天降りめしょち
うち造る島国や　世々に栄ゆる
　中山世譜
開国の初一男一女あり。志仁礼久、女を阿麻彌姑といふ。後一人あり。天常子と称す三男二女を生む。天孫民都なす。国君の初めなり。次は按司の治なり。次は百姓の初めなり。

あまみだけ【奄美嶽】（名詞）

大官記　南島画譜

大島の西北湯湾村の上にあり。故に一名湯湾嶽と称す。高さ一万七千尺。頂上は平坦に地を並らしたる處三段あり。芝草を生じ清潔にして一片の枝葉を留めず。四面の樹木矮小にして、園主が樹梢を刈たるが如し。珍しさは一松樹起伏状にして、何れが根梢なるか識別するを待たず。其の山腹に平地あり。深山塔と言ひ、又福天とも称す。享保　五年二月一六日、竜郷村人佐伯、之を開墾して石碑一基を掘り出だす。其の文字は我が古代文字に似たれども能く之を解するものなし。豊後なる田近翁は「ミザ」即ち御座なりと読むべきかと言は、肥前の黒崎の森氏は「クニ」と訓すべきかと言はれたり。天平七年太宰大弐四位上、小野朝臣老高橋牛養を南島に遣し、碑を建てしむとあり。当時の建設に関するものなるか、或は其の以前の建設なる可しと思ふ。然るに今は洪水のために流失せり。可惜矣。

あまゆ【甘ゆ】（動詞）得意になる。いい気になる。「かくわざとめかしければ　あまえていかに聞こえむなどいひしらふべかめれど」（源氏物語・夕顔）

あまる【余る】（動詞）一定量を過ぎる。余分なこと。奄美では常用語で、ふざける・邪魔なもの・無用なもの・貰い手がないの意味に用いられる。あまりうなぐは、出戻り女の意。肥後菊地郡では、騒ぐ・あばれる・ふざける・いたずらをするの意。「常人の恋ふと言ふよりは　余りにてわれは死ぬべくなりにたらずや」（万葉集　巻一八　四〇八〇）

あめまだら（名詞）牛の毛色にいう語。飴色でまだら文様のある牛。あやまだら・あやはだらともいう。「あめまだらなる牛ありけり」（宇治拾遺物語）

奄美歌

原たてて　きょらさ　あやまだら牛くわ

庭たてて　きょらさ　花のわらべ

あめんこぼし【天の川原星】（名詞）宵の明星（金星）「めおとぶし」（夫婦星）とも言う。

あも【母】（名詞）「あま」・「あむ」とも言う。母親の意。「あもとじ（母刀自）も玉にもがもや　頂きてみずらの中にあへ巻かまくも」（万葉集巻二十　四三七七）

あもる【天降る】（動詞）あまおりの略か。天から下りること。「あもりうなぐ」天女のこと。「葦原の瑞穂の国に手向すと　あもりましけむ　五百万千万神の……」（万葉集　巻一三　三二二七）「其の島に天降り座して……」（古事記）

あや【綾】（名詞）物の面の縦横の模様、織物染め物等の斜めに交叉した模様。「あやをひろう」は、織物の縦横の糸をそろえること。「あやていだ」は、七彩にかがやく太陽。「漢直祖（あやのあたへのおや）は、阿夜能阿多弊と訓むべし。漢は姓、直は職なり。漢を阿夜と訓むは、漢人の服に文紋を織ることの優れたるより名づけたるなるべし。」（古語拾遺）

奄美歌

亀津新里に　綾手拭忘れて

ういとりなづけて　吾むぞ見りか

あやかし（名詞）海上に現れる怪物。「まやかし」ともいう。「この御舟にはあやかし付いて候」（謡　船弁慶）

あやかす（動詞）人を迷わす。

あやていだ（名詞）雲間から漏れるはだらの陽かげ。

あゆひ【足結い】（名詞）上代に袴を膝頭の下で束ねて結んだ紐。武装や旅行・労働のために太い袴を膝の下で結び固めた。奄美では明治中頃まで、五月五日の節句に桑の木の皮で結ぶ風習があった。「斎種蒔く新墾の小田を求めむと　足結出で濡れぬこの川の瀬に」（万葉集　巻七　一一一〇）

あらがい（名詞）争い。言い合い。論争。抗議。「近習の人は、女房なども興あるあらがいなり」（徒然草　三五段）

あらがう（動詞）争う。論争する。「あらはれることあらがふな桜花　春はかぎりと散るを見えつつ」（大和物語）

あらたまのとし（名詞）新年。「あらたまの年行き返り春立たば　まづわが宿に鴬は鳴け」（万葉集巻二〇　四四九〇）　幕末の奄美の民俗を記した『南島雑話』の年中行事・正月の記事は以下のとおりである。

年始迎には、立松、寿老人、床飾の餅、門には賑門松、内には賑をし、肴大根を掛於婦婆氏（おふばし　シメナワノこと）あり。是を於バリといふ。元日には男女早朝より新衣を着し規式あり。雑煮（餅を主にして昆布、木の子、もやし、里芋の類、在合にまかせ見合わす徒畏怖）、吸物、引替に差身（皿に二切次）、その引替に豚の汁を備へて、硯蓋、丼、多台、家内中焼酎替しあり。是を三合といふ。右畢りて役目・役格ある者共は、諸代官其外諸役の仮屋へ参じて年賀を祝し、夫より村中祝儀廻礼、吾藩と異なるこ事なし。……

奄美歌

○元日のすかま床の前　見れば餅や二重ね　松のお祝い

○あらたまの年に炭と昆布祝て　親むつれ子むつれ　果報なお祝い

「新たしき年の初めに　思ふどちい群れてをれば　嬉しくもあるか」（万葉集巻一九　四二八四）

あらち【荒地】（名詞）荒れた畑。荒れ地。「あらち山雁がね寒みやたの野に浅茅いろづく秋風ぞ吹く」（頓河法師）

ありありと（副詞）はっきりと。鮮やかなこと。「俗の言に、ものの鮮やかに見ゆるを、ありありと見ゆといふ」（玉勝間　巻上）

ありき（名詞）出歩くこと。外出。「今日をかぎりの御ありき」（増鏡）

ありきょうがり（名詞）興味を感ずる。面白い。漫才で「ありきょうがり……」と歌うところから漫才の意味に用いた。

徳之島の民謡

ありきょうがれて　吾や島慣れや知らぬ
島つかぬうちや　汝（うい）頼も
かんざれぐゎ　吾が胸やもの思うげな
ありきょうがれて　よそと寝ぶたんど

ありきょうがり　わきゃ（吾奴）歌や知りやびらん
歌いやにたぼれ　地祇のうなりや……地祇（じぎ）地の神のこと

あんぐゎ（名詞）婦人の姿や容色が美しいことを称する語。奄美では、琉球の遊女のことを言う。

あんどん【行灯】（名詞）灯火をともす道具。

あんま（名詞）母親。「ちあんま」は、乳母のこと

い

い（名詞）膽（きも）。胆。気力。魂。奄美では、膽を「い」と言い、魚の膽汁を「いをのい」と言う。「いを」は、魚のこと。

いか・いきや（形容動詞）どのように。どのような。「赤駒を打ちてさ緒引き　心引き　いかなる背なか　我がり来むといふ（万葉集　巻一四　三五三六）

諸鈍長浜や　いか長さあても
奄美歌

いか【五十日】（名詞）五十日の祝の略。子供の誕生より五十日目の祝い。餅をついて、父親や祖父が、箸で餅を赤子の口に含ませて祝った。「いつしかと待ち出でたる乳児の五十日・百日などの程に

なりたる行末いと心もとなし」（徒然草　一四一段）「いかもかのいわい」五十日百日の祝い。「十一月二十九日、新誕生若君五十日百日儀也といへることあり」（玉かつま　一の巻）

いかないかな・いきやないきやな（副詞）どうして　どうして。どのような。奄美では、常用語である。「忌明より女郎ぐるひする事、汝等聞き伝へし事も有りや、いかないかな神武このかたなひことなり」（好色盛衰記）

いから（名詞）海中の暗礁。奄美では、「いか」も用いられる。海中にある石を意味する。「いくり（海石）」から、転音したもの。「つのさはふ　石見の海の　言さへく　辛の崎なる　海石（いくり）にぞ……」（万葉集　巻二　一三五）

奄美歌

千里のとなか乗り出せば
群れいか、盛りいか
くじら、わに、さば
かざまき　そばで教えて
外ずしみちそ
もとのみなとへ　かけもどせ

いかる【怒る】（動詞）立腹する。奄美では、子供が喜ぶさまにも用いる「目をいからして」（宇治拾遺物語　九）

いきぎも【生肝】（名詞）生きた動物から切り取った肝。薬としての効きめがあると考えられた。「生き

ながら人の肝を取る妖術にいひ侍り」（和訓栞中）

いきしに【生き死に】（名詞）生きることと死ぬこと。生死。人生の運。人間世界の喩え。「生死の二つの海を厭はしめ　潮干の山を偲びつるかも」（万葉集　巻十六　三八四九）

いぎたなし（形容詞）朝寝坊。寝乱れ姿。「昔いぎたなくて、有明けの月にうとかりしころもありけりと」（花月草子）

いきまく【息巻く】（動詞）怒り立つ。怒る。「上人はいきまきて」（徒然草　一〇六）

いきりょう【生き霊】（名詞）生きている人の怨霊。死霊の対。「鬼界カ島の流人どものいきりょう」（平家物語）

いくか【幾日】（名詞）なん日。いくにち。「秋立ちていくかもあらねば　この寝ぬる朝明の風は手本寒しも」（万葉集　巻八　一五五五）

いくり（名詞）海中の石。暗礁。「いから」の項参照。

いくところ（名詞）幾人。「いくところ（幾人）ふたところ（二人）」（古事記）「女御子たちふたところ、この御殿におはしませどの」（源氏物語　桐壷）

いけみず【池水】（名詞）池の水。「池水に影さへ見えて　咲きにほふ馬酔木の花も袖に扱入れな」（万葉集　巻二〇　四五一二）

いげ（名詞）とげ。日葡辞書にも用例があり、九州南部で用いられる。

いさかい【諍い】（名詞）けんか。口争い。「かたみに諍ひても、心に合わぬことをばあきらめつ」（源氏物語）

いさみ【勇み】（名詞）勇気。気力が満ちていること。

いさむ【勇む】（動詞）元気をつける。気持ちが奮い立つ。慰める。「神をいさめのためなれば、小唄を謳ひながら引きませう。（狂言　石神）

いざり【漁り】（名詞）漁をすること。魚や貝を取ること。「山の端に月かたぶけば　いざりする海人の燈火　沖になづさふ（万葉集　巻一六　三六二三）

いしうら【石占】（名詞）上代の占いの一種で、石の数や重さ、或は石けりなどして吉凶を占った。奄美では、加計呂麻島で行われた。

いしなご（名詞）「いしなとり」とも言う。女児の遊戯で、小石を現在のお手玉のようにして遊ぶ。「いしなごの玉のおちくる程なきに　すぐる月日はかはりやはする」（西行歌集）

琉歌

慰みに取りたるいしなごや　あらぬ里が帰る時　算（よ）で取りゆる

いじる（動詞）いじめる。しいたげる。「姑とちがい舅のいじりやう」（柳樽）

いそ【磯】（名詞）波打ち際。岩石のある波打ち際。「夢のみに継ぎて見えつつ小竹島の磯越す波のしくしく思ほゆ」（万葉集　巻七　一二三六）

いたじき【板敷】（名詞）すのこ。縁側。琉球では、戦前畳を用いず、板敷きが多かった。「月かたぶくまで、あばらやなる板敷きに臥せりて読める」（古今集　巻一五）

いたづら【徒ら】（名詞）何もないこと。みだらな行為。無益。無駄死に。

いたぶき【板葺き】（名詞）板で葺いた屋根。「板葺きの黒木の屋根は山近し　明日取りて持ち参り来む」

（万葉集　巻四　七七九）

いちゅび（名詞）苺。琉球いちご。二月から三月にかけて花開く。小潅木、刺あり。葉は、羽状。花弁五枚。白色。琉球いちご・なわしろいちご・ほうろくいちご　何れも食用。

いつかむゆか【五日六日】（名詞）五・六日。「五・六日さぶらひたまひて、二・三日など、絶え絶えにまかでたまへど」（源氏物語　桐壷）

いつももよ【五百代】（名詞）多くの年月。長い年月。「百代（ももよ）しも千代（ちよ）しも生きてあらめやも　吾が思ふ妹を置きて嘆かふ」（万葉集巻一一　二六〇〇）「いほよ（五百夜）・ももよ（百夜）」幾夜も幾夜も。数多い夜。

奄美歌

いほよ（五百夜）のとと義理しゅり　たまくがね　くかくひと節や廻るさらめ

いで（感動詞）さあ。他に呼びかける時や、自分が自分に言い聞かせる時の注意を促す語。「いで吾が駒早く行きそ　真土山待つらむ妹を行きてはや見む」（万葉集　巻一二　三一五四）

いと（感動詞）掛け声。はやし声。「小舟　イト　ヤレホーヤレホー　ヤレヘー　ヤレヘー」集落での共同作業の時、発するかけ声。うた声。

南島雑話　荒地を打之事

女子一五才より二四、五才迄のもの共、十人も二十人も加勢を乞ひて立双び、レテイといへるもの同音に一節の拍子を面白く言って、同時に山鍬を地に打ち込む。楽しみて終日働き、思わずして埒も明なり。

いつたりむたり【五人六人】（名詞）五・六人。「皆仕立てて五人六人（いつたりむたり）ぞある」（堤中納言物語）

いつつ【五つ】（名詞）五つ時の略。八時頃。奄美の歌の中に「五つ・六つ・七つ」等よく出てくるが、それぞれ「五つ時・六つ時・七つ時」等の時刻の略称である

大島遠島記

嘉永三年五月十日　曇　朝六つ起。五つ時分。藤助赤木名へ帰申候。

いとま【暇】（名詞）ひま。「いとまあらば拾ひにいかむ　住吉の岸に寄るとふ　恋忘貝」（万葉集　巻七　一一四七）

奄美歌

いとまごひと思ひて　さしゆる盃や　涙におそわれて　飲みやならぬ

いながら【稲茎】（名詞）稲の茎。稲幹。「なづきの田の稲幹に這ひもとらふところづら」（古事記　上）芋がら。麦がら。蝉のぬけがら。貝がら。

いなさく【稲作】（名詞）稲作。

南島雑話　巻二

秋彼五十日前後に吉日を調べ種子を蒔く是を種子卸と畏怖。十月中に実る。この朝は下人迄も総て惣て飯を食はするなり。また餅を搗き互いに取替えをなす。此夜……数十人打ち揃って三味太鼓様々の音曲をなし、各々の芸を出し門を数へて餅を貰ひ廻るなり。終夜賑はしき事なり。

いぬ【戌】（名詞）十二支の第十一番目。時刻や方位を表すときに用いる。午後八時ころ。西北西。

いねのきんりょう【稲の斤量】（名詞）稲の収穫量。

いはふ【斎う】（動詞）神に祈願する。禍を祓い清める。神を祀る。

いはひべ【斎部】（名詞）上代において神を斎う神官。神人。「またも会はむ　よしもあらぬか　白たへのわが衣手に斎ひとどめむ」（万葉集　巻四　七〇八）

いはひべ【斎甕】（名詞）神を斎うために奉る酒を盛る器。「大王の命にされば父母を斎甕と置きて参ゐて来にしを」（万葉集　巻二〇　四三九三）

奄美歌

○御斎することや　先祖からのなれや　おなりたかべて斎甕みしょれ

○島の斎部かなし　島見守りたぼれ　七日七夜　斎いておせろ

いひかはす（動詞）話しあう。「いひかはして、けふあす帰り去りなむとするに」（源氏物語　桐壷）

いひくたす（動詞）悪く言う。悪口を言う。「ふと出ていひくたしなどするいとにくし」（枕草子）

いひちらす【言い散らす】（動詞）わめきちらす。言いふらす。しゃべり散らす。「口にまかせていひちらす」（徒然草）

いひさた【言ひ沙汰】（名詞）うわさ。「かく言ひ沙汰するに」（宇治拾遺物語）

奄美歌

胸のしゅたあかば　いさたしゅるち思へ

いひはやす【言ひ囃す】（動詞）言いそやす。ほめそやす。おだてあげる。悪口を言いふらす。「さる

により、難き世ぞとは定めかねたるぞやと、いひはやし」（源氏物語　帚木）

いほ【五百】（名詞）数の多いことを示す語。「我が名はも　千名（ちな）の五百名（いほな）に立ちぬとも　君が名立たば惜しみこそ泣け」（万葉集　巻四　七三一）

奄美歌

五百夜ととぎりしゅり玉久金　せつや水ぐるま　まわるさらめ

いみ【斎み・忌み】（名詞）嫌うこと。汚れを避けて慎むこと。

いみあけ【忌み明け】（名詞）喪の期間が明けること。

いむ【斎む・忌む】（動詞）嫌う。身を清め慎むこと。

いや（代名詞）名瀬地方の方言で、同輩や目下のものに呼びかけるときに用いる。「おまえ」に相当する語。『い』は、汝の意。『や』は、呼びかけ。

いやし【卑し・賤し】（形容詞）身分が低い。醜い。良くない。さもしい。声が悪い。『やしゃうまれ』は、いやしい生まれ。顔形が生まれつき悪い。

奄美歌

投げれば着きゆがねし　吾がいやし声投げれば　つきゆんがねし　『いやし声』しゃがれた声。

いやんばつ【言はば罰】（名詞）言って良くない言葉。言葉が多すぎると禍を招くという言霊信仰からくるタブー。心霊の祟りを招く言葉。忌み言葉。

いら【刺・棘】（名詞）とげ。魚のとげ。鹿児島・奄美大島などに広く用いられる。また海月の意味にも用いられる。静岡・新潟・志摩・壱岐島地方で見られる

いらか【甍】（名詞）屋根瓦。屋根。『いらかいわい』棟上げの祝い。

奄美歌

朝潮海上りゃ　貫きつけのお祝い　夕汐みちあがりゃ　いらかのお祝い

いらす（動詞）借す。奄美大島・琉球首里地方。

いらふ（動詞）借りる。奄美大島以外、静岡・山梨でも見られる。『いれむん』返す品物。「いらふもの」の訛音。

いらへ【答へ・応へ】（名詞）応え。返事。応答。「御いらへも、え聞こへたまはず」（源氏物語　桐壺）

『いらへ』が訛って『いれー』とも。

いり【錐】（名詞）錐。九州南島・八重山・石垣・奄美大島。

いりき（名詞）髪の毛のふけ。

いれがみ【入れ髪】（名詞）髪の少ない人が、髪の毛を添えて結う、かもじ。

いろごと【色事】（名詞）情事。恋愛。

いろごのみ【色好み】（名詞）道楽者。好色。「むかし男、色好みを知る知る」（伊勢物語　四一段）

いめ【夢】（名詞）夢。「夢の古語なり。ゆめといふのは後の事也」（和訓栞）

奄美歌

いめのふれむんが　かなおそばと思て　うでむなしく　しらうちかけて

こねだこのごろや　いめしげさあたむ　きもちゃげぬかなば　拝みもち思て

いめ見ちゃるてやに　いめ語りするな　いめや厚口ぬ　草ぬうら葉

いを【魚】（名詞）魚

いをうり【魚売り】（名詞）魚売りの行商人。

う

う（感動詞）応諾の意を表す語。『お』・『を』とも。奄美諸島南部と琉球で用いられる。よろしい。承知するの意。「何せむと違ひはをらむ　否も諾も友のなみなみ　われも寄りなむ」（万葉集　巻十六　三七九八）

うえつふみのつづり【上つ文のつづり】（名詞）奄美には、「うえつふみのつづり」という神代文字で書かれた奄美上代記とも言うべき南島開闢の神話が伝わっている。明治十年刊　伊地知貞著『琉球史』巻三　史伝部に、その全文が収録されている。古事記に劣らぬ内容で全文が古代語をもって書かれている。原文は古代文字と称する神字で書かれていたと思われる。『奄美史談』にはその全文が神代文字で記されているが、明治初年に偽作と評された。『琉球史』に収載されたものを紹介する。神代文字は、阿波文字・出雲文字・綿向文字など二三十種の文字があるが、今日では寺院の御神符に残っているが、この奄美上代記のように、長文の文章にまとまったものは、他に見られない。

うえつふみつづり

天羽槌生月命、御歳二百余りに在まして、家幽り給ひて、出事に仕へまして、天翔地翔ひ給ひ、顕青人草の葦落とし給ひて、国内を安しみ給ひき。

うきくさ【浮き草】（名詞）池や沢、田などの水中の花。「わびぬれば身を浮き草の根をたえて誘う水あらばいなむとおもふ」（古今集　小野小町）

奄美歌

浮きとより草や風下どよゆる　寄て来　玉久金　抱ちて話そ

うきな【浮き名】（名詞）浮いた評判。情事の噂。「ついにうきなを流しはつべきことと思し乱るるに」（源氏物語　葵）

うきふね【浮舟】（名詞）水上に浮かんでいる舟。

奄美歌

ぬがやしょしら節じかくれみしょる　うき舟ぬ目より歩くばみむぞ
日づい御玉久金浮き舟になどる　待ちゅる恋風と伴れてまやびろ
肝ちゃげのことぬ思はるる時や　秋　浮き舟になちゅて暮らす

うきゆひ（名詞）酒を杯に注ぐ時に歌う歌。奄美では、男女寄り集まって歌い踊る懸け歌の事。

うきうた【浮歌】（名詞）男女の情事の歌。

うきよ【浮き世】（名詞）現世。世の中。「うきよには雪消えなむと思ひつつ　おもひの外になほぞほどふる」（源氏物語　幻）

奄美歌

七八十なても　浮き世忘れゆめ　忍びやすれども　お恥ずかしや

浮き世借り島　何時までも　居られゆめ　情けあれよ加那　かりの世さめ

うく【浮く】（動詞）はしゃぐ。陽気である。

奄美歌

朝寝しゅて枕元見れば　吾が浮かぬ花の咲くが不思議

うけしま【宇計島】（名詞）「与論と相対す　周回四里九町、加計呂麻島南方にあり」（琉球史　巻一）現在の瀬戸内町の管内、旧鎮西村。

うしく（名詞）あこうの木。南国産の高木。奄美大島本島では、オウギ。徳之島では、ウシク。沖永良部島　ウスク。オウギ。与論島ではウシク。海岸地帯に多い。生け垣や防風防潮樹として家の周囲に植える。樹皮を剥いで船舶用の縄・漁業用の網を製す。果実は青色、鳩が好んで食す。沖永良部では、この木が巨木に成長すると「ウチヒ」（幽霊）が宿るという。徳之島では大木になると「ケンムン」（妖怪）が住むという。神木としてガジュマルの木と共に、この木の下陰に「ケンムンの光り」を放つと伝えられている。特に雨の夜多く光り、これを「ウシクの主」という。ミヅノエ・ミヅノトなど、ミヅのつく日には、このケンムンの火が多く現れるという。以上のような、いろいろの伝説がこの木にはある。徳之島では、この木の枝葉など、薪にすることがあっても、決して家の中では焚かず、屋外の風呂などで焚くという。（内藤喬著　奄美大島植物誌）

うしとれ（名詞）闘牛。牛の角の突き合い。「うしとらい」とも。奄美では、喧嘩や闘争のことを「とれ」

という。

南島雑話　闘牛

例年八月十五日、九月九日に有島中第一の見物。倭の相撲、芝居の如し。四里五里の男女集まり、見物の男女群集す。

七島日記　寛政八年（一七九六年）　代官三河口太忠の八丈島見聞記

牛に角あはせさせ勝負を試みる事、年ごとに盆のあそびなりときく。牛あはせにまけじとて、つねづね牛をよくやしなひかふべきために、この遊びをもうけたるなりといふ。（八丈島では、盆の三日目の夕刻、盆踊りの前に牛の角突きが、村々の角突き場で行われた。島の唯一の娯楽であった。村々の大家では、このために特に力強い牛を飼い、時期が近づくと雇い人たちは、夜も眠れぬくらい牛の世話をした。）

うしのこく【丑の刻】（名詞）午前二時頃。

遠島日記

嘉永三年四月二八日　口永良部島にて、雨天西風巳の刻此より戌亥の風、午前過戌亥より北風に相成り……四月二九日　小雨北風前日同所順風宜しく朝四つ過ぎ、大島名瀬間切仮屋許へ着船。（四月八日、薩摩半島南端山川港を出帆、同二九日の午前十時頃に名瀬着。この時代、風待ちもあったろうが、鹿児島名瀬間を帆船で、二〇日間くらいかかっている事になる）

うしろめたし（形容詞）気がかり。心配。良心がとがめる。「いとうしろめたう思ひ聞こえたまひて」（源氏物語　桐壷）

うそびき（**いそびき**）（名詞）口笛。はと笛をふくこと。
奄美歌
いそびき吹かばや　出て来よ　かなし

うそぶく【嘯く】（動詞）口笛を吹く。「初めての人うそうきながら、心待ち顔に言ひたるもわろし」（花月草子）

うたがき【歌垣】（名詞）「かけうた」の項参照

うちうち【内々】（名詞）家の中。心の中。身内。表沙汰にしない。「うちうちのしつらひには、いふべきにもあらぬ綾おりものに」（竹取物語）

うぢがみ【氏神】（名詞）祖先の霊を祭る祭壇。鎮守の神。産土（うぶすな）神。奄美では、黒牛を氏神の化身と信じていた。

うちあめ（名詞）屋内に降り込む雨。

うちー（接頭語）動詞の前につけて、その語の意味を強める働きをする。

うちなゆ（動詞）うちしおれている。衣類が折り目がなく、よれよれになっていること。「うちなえたるども着て」（源氏物語　若紫）

うちはふ（動詞）述べ広げる。
奄美歌
うち笑いて　咲きゆる　花見れば　寄りて　いきゅる年も　若くなりゅり

うちはれ（名詞）裸舞のこと。

琉歌　嘉手久節

嘉例吉のあそび　うちはれてからや　夜のあけて　てぃだ（太陽）ののぼるまでも　「嘉例吉」は、賀の意味。奄美共通。

おもろさうし　巻十六　きみがなしふし

きこゑ　君がなし　たけ（丈）きょらさや

酔やちへ　神にあまえるきょらさ

又　とよむ　君がなし

又　のろのろやく　白股なゆり

又　神々や　白股なゆり

神と祝い女達が、神酒に酔い素肌を出し、うちはれて踊っているさまを歌った。

うつぎぬ

うつぎぬ（名詞）美しい衣。祝女が祭りに被る珍絹。「うちぎぬ」とも。「うつ」は、珍しい。高く尊い。美しい。の意味。「うつひと」は、美しい人。

奄美史談

神に二柱あり。一は山幸の神、火遠理命、一は海幸の神、火照命にして、山の神をなるこ神と称へ、海の神をてるこ神と称す。毎年二月壬日に迎へ、四月壬口に送る。之を迎へ之を送るを島中第一の祭祀となす。送迎の祭りには、巫女各々のうつぎぬ（珍絹）を頭に被り、身には白絹の筒袖に紺のしんせかん（下裳）を着し、珠玉を纏ひ天照神の天下りせらるる有様に舞ふ。

中山世鑑

阿麻彌姑は、前額上に瘤あり。角の如し。平生うつぎぬ（珍絹）を以て之を隠し、人に現はさず。世人阿麻彌姑の徳を慕ひ、倣ねて珍絹を頭に纏ふ。

うつくしげさ（形容詞）美しいさま。「いとうつくしげさ、佛などの心地して、あはれに見え給ふ」（増鏡）

うはなり（名詞）嫉（うはな）り、妬（ねた）み。嫉妬。「又、其の神の嫡后須勢理毘、其のおおく嫉り妬みたまひき。（古事記）

うふせま【烏父世麻】（名詞）大島。奄美大島のこと。「中山伝信録に曰く、琉球属島三六島の一也。烏父世麻、又伝信録に曰く、度姑（とく）の東に在り。西へ中山を去る八百里、水行三日にして其の島に達す可し」

うふにし（**おうにし**）（名詞）十一月・十二月頃吹く北風のこと

奄美歌

春や花のさかり　夏や芭蕉ねむぞ　秋やててさらめ　冬やうふにし

うづみび【埋み火】（名詞）灰に埋めてある炭火。「うづみびをかき起こして老いの寝ざめの友とする」（方丈記）

うづら【鶉】（名詞）原野や田畑に棲む褐色の鳥の名。鶏のひなに似ている。「鶉こそ　い這ひもとほれ……」（万葉集　巻三　二三九）

奄美歌（うづらの歌）

東みれば野焼き　西みれば野焼き　飛ぼ飛ぼうづらんめ

汝や飛び飛び行け　吾や生ちゃる子と　ひとみちなりゅり

うつらうつら（副詞）さまざま。いろいろ。「なでしこが花取り持ちて　うつらうつら見まくの欲しき君にもあるかも」（万葉集　巻二〇　四四四九）

うつりか【移り香】（名詞）残り香。物に移って残った香り。

奄美歌

誰が袖振てよ　きゃら匂いたちゅり　吾が加那袖ふてど　匂いたちゅり

うのとき【卯の時】（名詞）午前五時前後を言う。

うまつ（名詞）火のこと。『お＋松』の転であろう。たいまつは、松ヤニの多い部分、または、竹・葦などを束ねて火をつけ、道を照らすのに用いた。たいまつを略して『まつ』ともいう。「つごもりの夜、いたうくらきに松どもともして」（徒然草　一九段）

奄美歌

あだし葉やあても　島のやど立ちゅり　よそのうふやぐら　このでぬらしゅり

いざり火のうまつ　うしゅにかげうつす　わきやてつこころ　かなにうつす

ひしさガジュマルの　うちあげあげすれば　吾がかなと思ひて　ことばかわち

うまめし（名詞）おいしいご飯。

うみを【績み麻】（名詞）績（う）んだ麻糸。麻を細く裂き長くつないで、よりあわせる。「をとめらが績麻掛くとふ　鹿背の山時の行ければ都となりぬ」（万葉集　巻六　一〇五六）

うむ（動詞）果実などが熟すること。「うみ柿のおちけるが、この法師の頂きにおちて」（古今著聞集

巻　十二）

うも【芋】（名詞）「うむ」とも。熱帯アジア原産の里芋のこと。「蓮葉はかくこそあるもの　意吉麻呂が家なるものは芋（うも）の葉にあらし」（万葉集　巻　十六　三八二六）

奄美歌

うもの葉やうもれ　竹の葉や抱きゅり　そてつの葉の如くに　そろてうもれ
うもの葉の露や　真玉よりきょらさ　真玉あたらまし　抜ちゃり履ちゃり

うら（代名詞）君。お前。第二人称代名詞、同年輩や年下の者に対して用いる。ただし、名瀬地方では、「いや」という。第一人称代名詞としても用いることがある

○「うらきゃ」お前たち。「きゃ」は、複数。
○「うらとじ」おまえの妻。大島では「うらきゃ」、与論島では「ちゃ」と発音
○「うらくゎ」おまえの子供。

うら（名詞）心。「うらかなし」心寂しい。悲しい。「うらきりて」うつろになって。

うら（名詞）梢の葉。先端の意。「水門の葦のうら葉を誰か手折りし　我が背子が振る手を見むとわれぞ手折りし」（万葉集　巻七　一二八八）

奄美歌

夢やうら葉　夢見ちゃるていやに　夢がたりするな　夢や原々の草のうら葉

うらいた【裏板】（名詞）屋根裏に張りつけた板。奄美では、壁板を言う。「桧皮とうらいたとあはひに」（古今著聞集）

うらうら（副詞）のどかに。のどやか。日差しや空などが明るく柔らかい感じがする様。「二十九日、船出だしてゆく。うらうらと照りて漕ぎゆく」（土佐日記）

うらかた【占形】（名詞）占い。

うらがなし【裏悲し】（名詞）心に悲しく思う。「春に日のうらかなしきに　おくれゐて君に恋ひつつ現しきめやも」（万葉集　巻十五　三七五二）

うらじろ【裏白】（名詞）シダ類の植物で、正月にしめ縄に挿して飾ったり、床の間や仏壇に供える。

うらびる（動詞）わびしく思う。「秋萩にうらびれをれば　あしびきのやましたとよみ鹿の鳴くらむ」（古今和歌集　秋上　二一六）

うらまつ（動詞）心待ちに待つ。「秋風に今か今かと紐解きてうら待ちをるに　月かたぶきぬ」（万葉集　巻二〇　四三一一）

うらめづらし（形容詞）心の中で珍しく思う。「誰が物好きにて遊女の小袖是は難波のうらめつらしや」（西鶴名残の友　巻五の二）

うるう【閏】（名詞）陰暦で十二ケ月以外に、余り日を集めて一ケ月とした、その年のこと。

うるおう【潤う】（動詞）湿る。水分を含む。

うるま（名詞）朝鮮東南海上にある鬱陵島。韓音「ウル」は陵、すなわち島の義という伴信友の説あり。「葦原中国之宇佐島矣、今在海北道中」（神代記・上）「寛弘元年因幡国言、干陵島人十一口漂着」（同）

うるましま（名詞）琉球。椿説弓張月・珍西八郎為朝外伝に「日本より琉球を呼びて右流間の島といへり」とある。「うるまことば」あるいは「いるまことば」琉球語。和歌に言葉通ぜぬ人を、うるま島人という。

○「おぼつかな　うるまの島の人なれや　我が言の葉を知らず顔なる」千載集

○大弐三位の狭い狭衣に、右流間の島とあり。下紐にうるまの島とは、琉球也とあるにてあきらかなり。又本朝怪談故事に琉球神道記をひきて言う、琉球国の天宮に模するに、龍宮城と称す。

○名越左源太遠島日記

嘉永三年五月五日　丙甲　晴

拙者可住草庵、難供出模様、甚以込入候。依而歌一首詠候。

八重遠き浪のうき間のうきよりも　おきどころなきうるま島やま

同年十月二日　庚申　晴

たらちねの老いて行く末わすられず　おもひおふ小宿すむ身は

かへるべき道あら磯のなみたかく　よるひる聞こゆうるましまやま

うちよする波はうるまの磯まくら　こころつくしの夢はかりにて

うるまのいも（名詞）琉球芋。石川雅望の『都のてふり　江戸馬喰町の旅宿にて』に、「こなたになみゐてゆふげくふひとは信濃の国の人とか……いかづちのおちかかるばかりの声して、だいじをなんわすれにたる。某のすくにていひしときうるまのいも各ふたつづつもとりてくひたりき。そはおのれぜにをかへおきつ。」

うるめ（名詞）潤目鰯。主として干し魚とする。

うらむ（動詞）うらやましがる。「うれまし」とも。

うわなり（名詞）後妻。嫉妬。「其の神の嫡后須勢理毘賣命、甚く嫉妬為たまひき」（古事記）「池の澄めばこそ　空なる月影も宿るらめ。沖より小波立ち来てうてばこそ　岸もうはなり欧打たんとて崩るらめ」（梁塵秘抄巻二）

奄美歌

汝きゃ吾きゃこまよりあとで遊ばよ　遊ばらぬどし人きゃうわなりこころ（嫉妬心）

え

え　**【疫】**（名詞）流行性の病気。「えむづかり」病弱の子供が機嫌を悪くして泣くこと。すねること。

ええ（感動詞）「えい」とも発音する。

（1）語尾を長く引いて、はやし声として。（2）語尾を高く強く発音して、力を入れる時に発する。（3）語尾を上げ、不満をこらえかねている時に発する声。（コンチクショウ・馬鹿など罵る時の言葉の初めに用いる）（4）語尾を下げ、すてばちになった時に発する声。

えーじゃ（名詞）やせている人。「萎え者」からか。

えびらく（いびらぐ）【箙具】（名詞）竹製の箆。（矢を入れて背中に負う武具からきた語か）『倭名抄』に「和名衣比良又籠をいふ」とある。

えむ【笑む】（動詞）ほほえむ。花が咲く。

奄美歌

吾がえまば　なまど笑はゆる　吾が咲かば　見ゆれ　水の辺に咲きゆる花の如くに

えらぶうなぎ【永良部鰻】（名詞）南西諸島に棲むウミヘビの一種。沖縄では捕獲して薬や皮革製品とする。「永良部宇奈貫　琉球国産物、久多加島より小舟に乗り大小数千尾を取る。大なるは三味線を張る皮に用ふ。」出典不明

えらぶしま【永良部島】（名詞）沖永良部島。「與論の北十八里に在り、周囲十里十八町」『琉球史　巻一』

お

お（感動詞）返事や承諾の言葉。『混効験集』（古代琉球語の辞書　一七一一年）「お、おう　いらへる言葉。承りていらへる言葉なり。諾の字にあたる。」とある。

おうだ（名詞）土や荷物を入れてはこぶ荷籠。耕作の時や物を運ぶ時に用いるモッコのこと。

おうどもん（名詞）大胆な者。横着者。

おうどねこ（名詞）牡猫。長崎壱岐でも用いる。

おかん（名詞）山丘。雨を降らせる竜神を祭るところ。「おがん」「おがみ山」の言い方もある。名瀬・竜郷では、木作りの男根を備えて安全を祈り、裸踊りを奉納したという。「わが丘のおかみに言ひて降らしめし雪のくだけし　そこに散りけむ」（万葉集　巻二　一〇四）

奄美歌

おがめばど知りゆり　おがまだな知りゆめ　おがでおもかげぬ　立てばいきしゅり

おき【熾】（名詞）赤くおこった炭火のこと。薪が燃えつきて炭火のようになったもの。熱くなること。人を思うこと。

おきび【熾火】（名詞）炭火のこと。「おきり」とも。『混効験集』に「みおきれはおまつともひともいふ。和詞にもおきといふ。」とある。

おきのと（名詞）琉球のこと。「沖の渡」か。

椿説弓張月　巻一　曲亭馬琴（一八〇七）

琉球土人。居下郷者、不自称琉球国。自呼其他。曰屋其惹（おきのと）。屋其惹は、この方の古語似て、いにしへ琉球を呼びて、昔は於幾乃志麻（おきのしま）ともいへり。「おきのと」とは、沖の渡・沖の島のことである。

おがむ（動詞）逢うこと。目上の人に逢う時に用いる。「おがみぶしゃ」は、人に逢いたいの意。

おさら（名詞）お手玉。

おし（感動詞）意味を強めるために発する。力を込めて発する。奄美大島では、八月踊りの時、踊りが最高潮に達すると「おせおせ」と強く発する。

おしもの（名詞）飲食物。「飲食（おしもの）豊かに代々絶ゆることなく」（常陸国風土記）

おすもの（名詞）食べ物。「おせばち」料理を盛った皿。「おせ」食べよ。

おそましし（形容詞）おそろしい。強情。勝ち気。我が強い。ずるい。『混効験集』に、「をそましや、おそろしき事なり。和詞にも源氏物語帚木巻に、をそましきと有」

おずし（形容詞）頭髪。「おつかみなる法師ども二三十人ばかり出来て」（宇治拾遺物語）

おてまぐれ（名詞）夕暮れ。日没。落日。「てぃだのうてまぐれ」太陽の傾く頃、日没前の意味。

おとがい（名詞）顎。「おとげ」とも。

おとと（名詞）年下のきょうだいの事。妹に対しても用いる。「顔に袖をおしあてていみじう泣くおととなるべしとぞ推し量られ侍りし」（堤中納言物語）

おどろ【棘】（名詞）トゲ。トゲの有る潅木が乱れ茂っているところ。枯れ木。「荊（おどろ）は、いばらの事なり。いばらのごとく乱れるかみといふ心也」

おとろし（形容詞）怖い。恐ろしい。

おなり（名詞）男から姉妹を言う時に用いる。

奄美歌

船のそとどもに　白鳥の座ちゅり　しらとりやあらぬ　をなり神かなし

おに【鬼】（名詞）化け物。心の恐ろしいもの。奄美では、明治末年頃まで正月七日村中の家々で、戸を叩いて鬼を追い出す鬼追いの風習があった。

か

が（助詞）働きはほとんど口語の助詞「が」に等しいが、古文に見られる疑問や反語の意を表わす用法が残っている。いきゃすんが（どうするのか）　恥かきゅんが（恥をかくのか、恥をかかないようにしたい）

　奄美歌（与論島）

なせと吾が忍び忍び恋われて　明日や親吟味あらば　ちゃすんが

（あったらどうしよう、そういうことの無いように願う）

うち出しゆり　まことうち出しゅり　まことうち出せば　恥かきゅんが

（恥をかくのか、かかないように願う）

かうせん　こうしん（名詞）かうしん　香煎。麦こがし。「都も淋し朝腹の草庵には味はふ釜ひとつ素湯わかして、かうせんより人をもてなすものはなかりき」（西鶴置土産　巻五の三）　こうしんの「し」は、こうせんの同行通音

かうばし（形容詞）「かんばし」「かぐはし」とも。

かぐはし（形容詞）「かぐはしゃ」・「かばしゃ」とも。香りが良い。「伽愚破志芳も馥も熏も菲も香もかうばしきなり」（日本記）見まく欲り思ひしなへにかづら掛け　かぐはし君を相見つるかも（万・十

八・四一二〇）

かうふり　かうぶり（名詞）冠や頭巾のこと　「加宇布利」（和名抄巻十二の十七　延喜式三）「清長朝臣のかぶりを吹き落としけり」（古今著文集　巻十七）

かうふりをふる　いやいやをする。かみかうふり　紙冠　「見くるしきもの法師陰陽師のかみかうふり」清少納言記　十二

かおどり（名詞）仏法僧　郭公　美しい鳥　かほどりの間無くしば鳴く春の野の　草根のしげき恋もするかも（万・十・一八九八）

かおばな（名詞）昼顔　美しい花の意も　高円の野辺のかほばな面影に見えつつ妹は忘れかねつも（万・八・一六三〇）

かかづらふ（動詞）関係する。かかわりあう　引っかく　こだわる　「かくたけき家に生まれて弓矢とるわざにかかづらひはべるのみ」（増鏡）　「かうかかづらひ思ほさで、さるべきさまに聞こえさせ給ひてよ」（源氏物語　浮舟）

かきうち　かきつ　かきち（名詞）垣内　垣根の内側　屋敷内　我妹子が家の垣内の小百合花後といへるは否といふに　似る（万・八・一五〇三）　鶯の鳴きし垣内ににほへりし梅この雪に移ろふらむか（万・十九・四二八七）

かきぞめ（名詞）書き初め

かきぞめ（名詞）褌のかけ初め　男子七歳か八歳の時に父方の叔母より送る習わしがあった。「七歳の時かき初めに絹の褌」（西鶴置土産　巻二）

かぎ（名詞）陰　上代東国方言では「かげ」　島かぎ（島陰）　山かぎ（山の陰）　暁のかはたれ時に島かぎを漕ぎにし船のたずき知らずも（万・二十・四三八四）

かぎり（名詞）限り　間　ほど　最後　最終　命　かぎり　吾が命の全けむかぎり忘れめやいや日に異には思ひますとも（万・四・五九五）　「かぎりあればさのみもえとどめさせ給はず」（源氏物語桐壺）

かくら（名詞）隠れている所　籠もっている場所　猪のかくら　猪が棲む山「隠る」に動作の継続を表わす上代の助動詞「ふ」のついた上代語「かくらふ」からきていると思われる。さを鹿の朝伏す小野の草若み隠ろひかねて人に知らゆな（万・十・二二六七）　五月山花橘にほととぎす　隠らふ時に逢へる君かも（万・十・一九八〇）

かくらご　かくれご（名詞）隠れんぼう　隠れ遊び　子供の遊び「ご」は、組になって遊ぶこと。ブサ（じゃんけん）で負けた子供が目隠ししている間に、他の子供たちはそれぞれ隠れ、「もう良いよ」の合図で隠れている子供を探し出す遊びだが、大島代官記に「古仁屋村のカクレゴの弊習止む。旧正月十五日、徹夜で男女狂乱する悪習なり」とあるところを見ると、単なる幼児の遊びとは違った意味もあったことが分かる。

かくらん（名詞）くゎくらん　霍乱　急性の腸炎　腐ったものなどを口にして激しく吐き苦しむこと。奄美では鼠やその他の毒に当たって急死する例が多かった。「くゎくらんせんやうにと娘のくれた和中散」（浄瑠璃忠臣蔵）

かけうた（名詞）掛け歌　「まんかい」とも言う。手踊りのこと。「せったまんかい」

南島記

男女を分かち、まんかいとて、三線はなしに手拍子にて　双方より弐間程隔たり歌につけて　双方膝にてすりより、膝と膝双方相分かちて、手の平と手の平を拍子につれてうちあはせ、歌の調子につれて……元の座にかへす。又、始めの如く歌を当座に作り、すらすら口籠りなく歌へる者を上手とし、歌の趣向遅く出るを負けとす。

かけくらべ（名詞）競走　走りくらべ。かけっこのこと。走って遅速を競う子供の遊び。「かけこくら、軽業早業劣ることはなけれども」（近松門左衛門　唐船噺）

名越左源太翁日記「大島遠島録」

嘉永三年五月十六日　丁未　晴風あり夕方子共馬騎（うまかけ）仕候由に而見物に片端へ参り申候處、子共之馬騎（うまかけ）は無御座而二才共駈競乗（かけくらべ）を二人仕申候。暫見物仕直に引取申候。

かけだま（名詞）首飾り　珠玉のこと

奄美民謡

かけ玉あやま玉　綾目ぬき目ぬき　加那が首はちゃり　吾が首はちゃり　はき玉なとて　真首はくより　もくんねさきなとて　染みやまされり（くんねは、衣の衽のこと）

かけるましま　かけんま（名詞）奄美大島本島の南に位置する加計呂麻島のこと

沖縄志　巻一

垣路間島　與路宇計ノ北ニ在リ　周廻十五里　與路以下ノ三島ニ属シテソノ南界ナリ

「佳奇呂麻　中山の北七十七里にあり」（椿説弓張月　巻一　滝沢馬琴）

かこ（名詞）水夫　水手　かじこ　ふなこ　船乗り　船頭　船方　「判官、楫取り水夫に仰せられけるは、風のつよきに沖中に引けと」（義経記）

奄美歌（八千代の歌）

かれよしの（嘉例吉）の船に　のりよしが乗りて　せど（船頭）からかこ（水夫）じょ　祝いすらめ

かさ　瘡（名詞）できもの　はれもの　皮膚にできる腫物の総称　かさばち　かっさばっち　瘡のできた者　南島では疱瘡や天然痘のことを「もがさ」といい、梅毒を「なんばんがさ（南蛮瘡）」といった。我妹子が額に生ひたるすぐろく（雙六）の牡牛の鞍の上の瘡（万・十六・三八三八）「もがさと申すことに失せおはしまし」（平家物語）

かざ（名詞）匂いや香りのことをいう　会津　茨城　千葉県山武郡北陸　岐阜　愛知　近畿　鳥取八頭郡　岡山　広島　四国　宮崎　熊本　奄美大島

かざむ（動詞）匂いを嗅ぐ　筑後　久留米　淡路島　岡山　広島　四国　九州　奄美　「浪花鑑傾城の梅花のかざ鼻の先へしみ込んでは」（浄瑠璃）　かばしゃ良い匂いがする　匂いが良いこと　かんばし　芳香　かだ　匂い　こーかだ　きな臭い　加計呂麻島

かざし（名詞）挿頭草　木の花や枝を髪や冠にさすこと

増鏡

かざし折る人もあらばやこととはむ　おきのみ山に杉　は見ゆれど

がさま（名詞）海の蟹の一種　「かさめ」とも　甲の広さ七八寸、左右各一刺あり。色赤黒く白い斑点在りて美味。海岸に多い　「名恐ろしきもの　ほこ星　狼　牛　かさめ　……　それも名のみさならず　見るもおそろし」（枕草子　百三十四段）

かしき（名詞）赤飯　こわめし　八重山　「かしきめし」とも。

かしく（動詞）炊く　蒸す　「かしぐ」とも　煮たり蒸したりして飯を炊くこと　八丈島　奄美大島

「かしぐる」探る　沖永良部島

がじまる（名詞）がじゅまる　榕樹　ケンモンギともいう　徳之島では「ウシク」同伊仙では「チンバ」沖永良部島「ガジマル」　大島全島に自生し、幹から無数の気根を垂らし、大きな支柱となって地に根を刺している。海岸地帯に多く、防風防潮樹として家の周囲は勿論、全集落の周りを囲む。笠利村の赤木名や手花のウッタバル（崎原）は、このガジマルが繁茂している。材は盆や膳、その他指物細工に用いる。大島ではこの木にケンムン（化け物　ガラッパ）が棲むという俗信がある。与論島では、三十三回忌のとき粳米で洗米を作り高坏に盛り、これにガジマルの葉一枚を斜めに挿して、神前に供える風習がある。（奄美大島有用植物誌　内藤喬著　昭和三十一年刊）

南島雑話　補遺

ガズマルに陰陽あり。雄木名ヒキラといふ。器物を拵へるには雄木の方よろし。

がじゃみ（名詞）蚊　奄美全島

加那ぬ　がじゃみや　人くれぬうふさ

奄美歌

がすたれ（名詞）がんたれ　ぐわんたれ　粗末なもの　不完全　やくざもの　「がしんたれ」豆などの

成長の悪いもの　意気地無し　やくざ者（大阪）　吝嗇家（奈良）　「かしん」吝嗇家　けち（香川県丸亀）　「かんちくれ」悪戯者　わんぱく（福井県）

かせ（名詞）紡いだ糸をかけて巻く道具　布を織るために糸を揃えて一定の長さに掛ける道具。昔はエ字形の木製の道具を左手に持ち、廻しながら右手の糸を掛けていた。をとめ等がうみを掛くとふかせの山時の行ければ都となりぬ（万・六・一〇五六）

古語拾遺新註　巻八

麻柄を以てかせに作り……績麻（ウミオ麻や苧の茎を水に浸し蒸して粗皮をとり、その繊維を長くよりあわせて糸としたもの）を巻きつる具を加世比といふ。木国（阿波）などにては、その糸をかせといひて、その掛く具は車に似たり。近き頃は、その幾めぐりといふ数をたやすく知るために、からくりを設けたる具出で来たり。

今も大島紬を織る時に使用している　南島雑話補遺編に、かせの図に「管よりかせ車の縦糸を揃えて長さをさだむ」とあり、「ワダリカセワタ」と記してあるので、藩政時代芭蕉布や大島紬を織る時に使用されていたことがわかる。

かぜくも（名詞）風や雲　風雲　風雲は二つの岸に通へども　わが遠妻の言ぞ通はぬ（万・八・一五二二）

奄美歌

今の風雲や　村が上に立ちゅり　吾が加那じょや　うふにし（大北風）に立ちゅり

かた（名詞）絵　形　模様　兆し　うらかた（卜形）亀甲の割れ目の文様によって吉凶を占う

がた　がった（名詞）蝗　いなご

かたいき（名詞）片息　息絶え絶えになること

かたがわいを（名詞）片側魚　かたひらいを　ひらめのこと

かたぐる（動詞）かつぐ　担う（和歌山　大分　長崎　熊本　宮崎　鹿児島）

かたし（名詞）椿の実　かたしばな　椿の花（久留米　長崎　大分　佐賀　山口　萩）

かたす（動詞）仲間に入れる　加える　合わせる

かたつけぎん（名詞）形を付けた着物　「きん」は、着物。

かたとき（名詞）わずかな時間　ちょっとの間　「かたときの間とて、かの国よりまうで来しかども」（竹取物語）

かたはし（名詞）片端　ほんの一部分

かたびら（名詞）帷子　ひとえもの　裏のつかない単衣の総称　「三足なる角の上にかたびらをうちかけて」徒然草

名越左源太遠島日記

嘉永三年六月朔日辛酉　晴　朝六つ時起夜具疊蚊帳並衣裳のほころびを縫い申候　かたびらを二つ疊み屋内の掃除仕

かたみ（名詞）形見　死者や遠く離れた人を思い出させる記念の品物　わが形見みつつ偲はせ　あらたまの年の緒長くわれも思はむ（万・四・五八七）

かたらふ（動詞）語る　誘う　話すことによって相手を自分の気持ちに引き入れ、自分と同じ行動を

取るようにすること

かたらひ（名詞）語らい　男女の愛情の約束

かたる（動詞）告げる

かたゐ（名詞）乞食　物貰い　「かったゐ」とも　人を罵る時も使う

かち（助詞）〜へ、〜の許に　奄美大島　沖永良部島

奄美歌

かてつ伊之国主や　なせがちかち　馬乗りが

かち（名詞）乗り物を使わずに歩いて行くこと　徒歩　奄美では明治大正の頃まで、自家用の小舟で農作業や釣り、隣村への移動にも用いた。海が荒れると徒歩で山越えをしなければならなかったので「かち」という言葉はよく用いられた。山城路を人夫の馬より行くに　己夫の歩（かち）より行けば（万・十三・三三一四）

かつぎ（名詞）嫁を盗み取ること。「よめかつぎ」とも　略奪婚のこと。奄美　出水　長島　大隅　壱岐島

かつら　かづら（名詞）桂　葛や蔓草の総称　さねかづら　蔓性の灌木で髪油を取る

奄美歌

はがれ　かつら育ち足らぬそだち　吾きゃも親はがれ　育ち足らぬ五尺石垣に生ゆるももかつら　生い先や　わからぬ天にかへろ

かつを（名詞）鰹　「鎌倉の海にかつをといふ魚」（徒然草十九段）

かて（名詞）糧　主食に他の穀物を混ぜたもの　「かて乏しければおろそかなれども」（方丈記）

かてめし（名刺）米に麦や大根などを混ぜて炊いたご飯　「かてもの」お菜　副食物　「国にゐてかてめしを食って」（式亭三馬　浮世風呂）

かてる（動詞）添える　加えて　合わす　副食物を添えて食べる　醤酢に蒜搗きかてて鯛願ふ　われにな見せそ水葱の羹（万・十六・三八二九）

がてら（助詞）～をかねて　ついでに　～ながら

がてん（名詞）合点　うなずくこと　「がってん」とも

かどた（名詞）門前に在る田　妹が家の門田を見むとうち出来し　こころもしるく照る月夜かも（万・八・一五九六）

かどび（名詞）門火　棺を送るとき門口で燃す火　明治時代の末まで葬式の日の出棺前に青竹に火を灯し墓地に至る通路に立てる風習が在った。請島では、夜松明をともして葬送の列に加わっていた。葬送七日間、墓前に火を灯したために、日没前に墓に通った。「喪出之日、門前燃火」（和名類聚抄）

かどまつ（名詞）門松　新年を迎えるため、門に立てる松飾り。ゆずり葉やささ竹を添える

かな（名詞）加那　愛人　恋人　敬意を表わす時、人名の後に付ける時もある。女性の場合は、「誰々さん」にあたり、男性の場合は様や殿に相当する。身分の低い者から言う場合は、加那之（かなし）と言った。女性の場合、姓の一字に付ける場合もあった。例えば、川上某の娘の場合は「川加那」、伊集院和歌の場合、「伊和加那」のように。

かなし（形容詞）いとしい　かわいらしい　恋人や親しい間柄の人の意にも。北海道や青森の方言にもある。

奄美歌

島中七間切りかなしゃる人（ちゅ）や　ひとりひとり　かなしゃかなしゃ　わらべ（童）とじ（妻）かなしゃ

奄美の恋歌に、「吾二人（わったり）談合しゅて名瀬がちひん逃げろや加那之（かなし）はれ　名瀬かちひん逃げろや」という歌がある。「二人で打ち合わせて逃げよう、私の恋人よ」という意味である。「かなし」には、いとおしい・愛する・恋人などの意があり、奄美や琉球の歌や言葉に多く用いられている。「かな」「かなし」は、「かなしき人」の縮小したもので、男女に限らず、愛する人、美しい人、親しい人など、広い意味に用いられている。あしひきの山沢人の人さはに　まなといふ子があやにかなしさ（万・十四・三四六二）　武正といふ余人のかなしうしける子の煩ふありて麝香を求めけるに（十訓抄）　大王の命かしこみかなし妹が（可愛い妻の）手枕離れ夜立ち来のかも（万・十四・三四八〇）

奄美恋歌

かなしゃる人の夢や夜ならべて見ゆり　はごさる人の　夢や十日一夜

（恋しい人の夢は夜ごとに見るが、憎い人の夢は十日に一夜だ）

「よならべ」は、夜を並べる意から毎晩、「日ならべ」の対である。

夜並べて君を来ませと　ちはやぶる　神の社を　祈まぬ日はなし（万・十一・二六六〇）

かなまゆみ（名詞）立派な弓　まゆみの木で作った白木の弓を「しらまゆみ」ともいい、白檀弓のことまゆみは、山野に自生して材質が強いために弓を作るに適している。天の原ふりさけ見れば白真弓張りてかけたり　夜道はよけむ（万・三・二八九）

おもろ草子　巻十

ゑけ　上がる三日月や　　ああ、上がる三日月は、
ゑけ　神ぎや金真弓（かなまゆみ）　　神の金真弓なのだ。
ゑけ　上がる赤星（あかぼし）や　　上がる赤星は、
ゑけ　神ぎや金細矢（かなままき）　　神の金細矢である。
ゑけ　上がる群れ星（ぼれぼし）や　　上がる群星は、
ゑけ　神が差し櫛（くせ）花かざし　　髪の簪である。
ゑけ　上がる虹雲（のちくも）は　　上がる虹の雲は、
ゑけ　神が愛（まな）きき帯る　　神の大事にしている美しい帯である。

かなまり（名詞）椀　水や酒などを入れた器　奄美ではご飯茶碗のことを「まり」という　「水飯を銀のかなまりにもる」（宇治拾遺物語）

かに（助詞）こんなに　このように

奄美歌

かにきょらさる（このように美しい）　かにうまさる（こんなに美味しい）

かにもり（名詞）蟹守　潮水で赤ん坊を初浴させた後に蟹を頭から這わせる儀式。奄美には昭和初期

までこの「蟹這わせ」が行なわれていた。小蟹三匹を揃えて椀に入れ、庭に席を設け、乳母が赤子の頭を布で覆って抱いて席に着く。蟹を赤子の頭上を這わせ、蟹のように速やかに這うようになることを祈る習俗である。古語拾遺の巻四に、蟹守の語が見られる。

がに（助詞）〜ほどに　〜と同じように　うれたきやしこほととぎす今こそは声のかるがに来鳴き響め（万・十・一九五一）　室草の都留の堤の成りぬがに子ろは言へどもいまだ寝なくに（万・十四・三五四三）　おもしろき野をばな焼きそ古草に新草まじり生ひは生ふるがに（万・十四・三四五二）

がね（助詞）〜するように　〜できるように　〜して欲しい　ますらをの弓末振り起こし射つる矢を後見む人は語り継ぐがね（万・三・三六四）（後に見る人は、語り継いで欲しいものだ）　奈良平安時代に見られる希求や願望を表わす「が」や「がに」「がね」が奄美に現存する。恥かきゅんが（恥をかくだろうか、恥をかきたくない）　あらばきゃすんが（あったらどうしよう、あって欲しくない。ないように願う）

奄美歌

吾がいやし声投げれば　着きゅんがね（いやし声　良くない声）

奄美歌

山かぶて椎かぶて　あがていもるお月ななりぬき　あがれば　みよのかがみ

（山に傾いて椎の森に傾いて上ってくるお月様　もう少し上がれば　み世の鏡なのに）

児童の名に「がね」をつけて親しみを表わす用法もある。太郎がね（太郎ちゃん）　伊勢物語に、

「むこがね（婿さん）」が出てくる。

かぶし（名詞）魚を獲るための撒き餌　壱岐島　室戸　神奈川県江の島　奄美では、鰹の一本釣りの時漁船から群がり寄る鰹に向かって餌をばらまくが、この時海水も混ぜて海面に振りまく。この海水を「かぶし」という。また、他人に罪をきせることもいう。

かぶり（名詞）首枷のこと　藩政時代、甘蔗の切り株が高ければ札（刑の名）を被わせ、黒砂糖を指先に付けて嘗めると鞭打ちの刑を受け、粗糖悪の場合はカブリ（首枷）シマサ（足枷）の酷刑を科し、密造をする者には打首の刑を科した。薩摩藩は島民が砂糖一斤すら自宅に蔵することを許さず、全てを藩の蔵に納めさせた。黍横目が監督を、黍見回りが便吏となって督促し、自由に安息することすら許さなかった。男子十五歳から六十、女子十三歳から五十までを作用夫とし、各耕地を割り当て水田は干して甘蔗畑とする過酷を極める政策であったが故に、砂糖黍の栽培や黒砂糖の製造の苦しさを歌った民謡が多く残っている。

奄美歌

しわじゃ　しわじゃ　をぎきりしわじゃ　をぎのたかきり　ばんちゃはまゆり
（難儀だ　難儀だ　荻切りは難儀だ　荻の高切り　首枷にはまるぞ）
をぎかむな　さたかむな　うらざねちっぽくゎが　まわてきゅんど
（荻噛むな　砂糖噛むな　役人の浦実が　廻って来るぞ）

かぶす（動詞）傾く　ふざける　一杯に群がる

がぶ（名詞）瘤　腫物　凸形のもの　喜界島では蕪の切り株

かぶり（名詞）頭　冠

かへりごと（名詞）返事　答え　かへりごとしたまへ（源氏物語　浮舟）

かほう（名詞）報い　幸せ　命かほう　家や女のかほう　子や夫のかほう

奄美歌（小浜節）

小浜てる島や　果報の島なりや

かまえて（副詞）心がけて　身構えて　工夫して　「人はただかまへて歌を詠むべしと見えたり」（宇治拾遺物語）

かまくら（名詞）鳳仙花

がまく（名詞）腰　脇腹　奄美　琉球　八重山

がま（名詞）穴洞穴　奄美　琉球　宮崎都城

かまち（名詞）頭　髪　頬骨　つらかまち　「かまちをはる」は、頭を叩く。かまちぬやで（頭が痛くて。「やで」は、病んでの意）「にくき法師のいひ事かなとて、かまちをはりてけり」（今昔物語）

奄美歌

づり（遊女）しゅしが　面のかくし　かくされぬ　油つきかまち　目眉垂らし

かまどのかみ（名詞）竈の神　古語拾遺や十訓抄に用例在り

かみはぎ（名詞）髪のかかり髪の垂れた様　子女が後ろにさげた髪を重ね着物の間に入れること　「はぎ」には、足や脛の意味もある。薄色着たる髪はぎばかりある　頭つき容態などいとをかしげなる（堤中納言物語）

かみかくし（名詞）神隠し　明治大正の頃、子供や大人が行方不明になると、神隠しにあったと言って大騒ぎをした。「神隠しに疑ひなし」（浮世床）

かみごとけがれ（名詞）体に傷や腫物があると、汚れているとして、神事を行なう風習があった。神事けがれありといふ事、ちかく人のいひ出せるなり（徒然草　四十七段）

かみしま（名詞）神島　昔神が天降った島で、その神が今もなお島の守護神として祭られている島のこと。

かみやま（名詞）神山　神を祀ってある山　神聖な山嶽

かや（名詞）萱　芒　屋根に葺く全ての草の総称　大名児を彼方野辺に刈るかやの　束の間もわれ忘れめや（万・二・一一〇）

かやはら（名詞）草原　萱の生えた原　芒や萱など雑草が生えている荒野　陸奥の真野のかやはら遠けども　面影にして見ゆといふものを（万・三・三九六）

かやぶき（名詞）萱葺きの家

かやや（名詞）萱屋　茅葺きの家

がや（助詞）疑問や反語・感嘆の意を表わす　何故だろう　～なものか　～だなあ

から（名詞）茎　幹　芋がら　骸　殼　虚　抜け殻　空っぽ　何もない　ぬけがら　からだき　からだ（実りの悪い田・不毛の田）　からぶね（荷物を積んでいない船）　むなから（空っぽ）

からから（名詞）焼酎を入れる瓶　名越左源太翁遠島日記

嘉永三年七月八日戊戌晴　夕より藤温并弐つ味噌吸物焼酎一つカフカラ持参　四つ時分帰り候

南島雑話　巻一　一月八日

村中の者カラカラ一つと硯蓋類并持参酒宴あり

からがら（副詞）やっとのこと「命からがら伏見へ出で」（ひらがな盛衰記）

からし（形容詞）つらい　苦しい　昔より言ひける言の韓国の　辛くも此処に別れするかも（万・十五・三六九五）

からしお（名詞）塩辛い塩で漬けた小魚　塩でなました小魚　からしお　かでぃ（塩魚を　食べたので）「かでぃ」は、噛んで　速川に洗ひ濯き　辛塩にこごと揉み　高坏に盛り（万・十六・三八八〇）

からひつ（名詞）唐櫃　衣類などを入れる脚付きの四角い大型の箱　漆塗りで金の蒔絵や家紋が入り、中蓋に飾り金具が付いていている物が奄美の旧家に伝わっている。屯食の唐櫃どもなど所せきまで（源氏物語桐壺）

かる（動詞）離れる　遠ざかる　疎くなる　別れる　玉くしげ明けまく惜しきあたら夜を　衣手離れてひとりかも寝む（万・九・一六九三）

奄美歌

かれ（離れ）のあの雲見れば　吾が加那に似ちゅる

かる（動詞）借りる　あしひきの山行き暮らし宿借らば　妹たち待ちて宿さむかも（万・七・一二四二）

かれい（名詞）佳麗　美しい

かれよし（名詞）吉事　幸運　めでたい例　よいためし
奄美歌　かれよしのとまり（八千代の歌の一節）
かれよしの舟に　乗りよしが乗りて　せどからかこじょ　祝ひすらめ
（「のりよし」は、乗り手・「せど」船頭・「かこ」水夫・「じょ」ぞ）

かわら（名詞）河原

かんじゃら（名詞）大椀　大皿

かんじょか（名詞）燗瓶　鹿児島　奄美　琉球糸満

かんなづき（名詞）神無月　十月

かんどり（名詞）かわせみ

かんなべ（名詞）燗鍋　酒鍋酒の燗をする鍋　多くは銅製であったが、奄美では鉄鍋をいう
名越左源太翁遠島日記
嘉永三年五月十五日　丙午晴　藤由気（亭主）書過ぎ私処へ来申候酒を燗鍋
壱つ呑申候　酒は余程大切の御用にて泡盛呑むが如く少しづつ皆呑申

かんのんどう（名詞）観音堂　観音の像を安置した堂　大島における観音堂は福晶寺の末寺である。
大島代官の本仮屋とともに慶長十八年に大熊に建てられ、後に赤木名、さらに、名瀬伊津部に移
された。
奄美歌
赤木名観音堂や　伊津部がちなおろ

き

き　（名詞）木　カ行がハ行に転訛して「ひ」という所もある　「ひっさ」（小陰　木の下陰）

きかいしま　奄美諸島の中の喜界島とトカラ列島の中の硫黄島を言う場合がある　左の他に「盛衰記」「八島記」などにも喜界島の記が見える。

　琉球誌

大島の東七里に在り　慶長十五年薩摩の所轄となる　今鹿児島県の管に属す全島平坦にして山林無く牛馬の糞を乾かして薪炭に代えるに至る　莚席の産及び黒糖の品位南島中喜界を以て最とす

　俚言集覧

鬼界島　薩摩の南島の総称　今大隅の属島に此名あり　喜界島

　平家物語

鬼界十二島　薩摩方を以て総称とす　其内服従するものは五島　未だ服従せざるもの七島なり　十二島とは、白島、悪石、黒島、硫黄……俊寛を白石に流す

　難波土産

きかいはさつまのいわうが島也　それより目通りに打ちつづきて十二の島あり……あれはい

にしへ天照神の住吉の明神に　笛ふかせ舞曲を奏し二神のあそび給ひし所とて　二神島とも申す也

きこん（名詞）根気　元気があること　きこんがきれる（元気が無くなる）　きこんくらべ（根くらべ）

きささ　ぎさし（名詞）虱の卵　佐渡や和歌山などにも用例がある。種子島では、「きさし」

きじゃり（名詞）階段　位階　混効験集

きたなげさ　汚らしい　美しくないこと　さる歌のきたなげさよ（伊勢物語）

きぬ（名詞）着物　衣類　「きん」とも。蚕の繭から取った絹

きぬがさ（名詞）絹傘　位ある人が外出の際、後ろの者が差し翳す長柄のついた傘　奄美琉球では「さすかさ」の方が一般的。「あおりがさ」ともいう　わが背子が捧げて持てる厚朴あたかも似るか青ききぬがさ（万・十九・四二〇四）

きぬくばり（名詞）衣配り　年の暮れに正月用の晴着を配る習俗のことで、奄美では明治の初め、多くの下人（ひざ）を持つ家では、正月の子の日に衣を配った。「例年の衣くばりとて」（西鶴　世間胸算用）

きぬ（名詞）昨日　きぬんゆる　昨日の夜

きぬた（名詞）砧　衣板の略か　白妙の衣打つ砧の音もかすかにこなたかなた聞き渡されし（源氏物語夕顔）　布地の艶を出し柔らかくするために木または石槌で布を打つ。哀調を帯びた砧の音と寂しい情緒を添えた。恋する乙女にはやるせない音であったのだろう。砧の歌が奄美や琉球に多く残っている。

沖永良部島の砧打ちの歌

眠る日も寝らじ思ひしみじみ　誰がために打ちゅる夜半の砧

ぎは（名詞）差し櫛　髪飾り　男女の鈿簪

きび（名詞）帯

きびしょ（名詞）急須

きびる（動詞）縛る　結ぶ

きまぶり（名詞）「きまもり」の転　木守り　来年もよく穫れるようにと、木に一つ二つ採り残した果実のこと。鳥の巣の守りとして、卵を入れておくことを「すまぶり」という。「我らがきまぶり」（近松門左衛門　国姓爺合戦）

ぎま　ぎいま（名詞）石南花科の花　琉球奄美に産する灌木　六月頃に白色の壺形の花を開く。果実は子供が生食する　材は薪用となる

奄美歌

笠利禿島つるまつが　こげ（陰毛）やぎまぶす

きみがよ（名詞）君が代　歌の内容が国歌である「君が代」に似た奄美の歌がある。「君が代」は、古今和歌集　巻七の歌による「わが君は千代に八千代にさざれ石の巌となりてこけのむすまで」

奄美歌

○うれしさや　庭の竹の節々に　君が代の　千代を　祝い重ねん

○玉と　寄り石の　大石なるまでも　かけふさい　召され　島の長さや

きも（名詞）肝　心　肝臓　臓腑の総称　肝心なもの　大切なもの　昔の人は、心の働きは肝から出ると考えた。我が肉は御鱠はやし　我が肝も御鱠はやし（万・十六・三八八五）

奄美歌

きもちゃげぬ　加那がみ口吸うときゃ　息の上げ下げ知られ　苦しゃ

（可愛い恋人の口を吸うときは　吸う息と吐く息が　自分にも分かるくらいで　とても苦しいことだ）

「きもいり」世話を焼く　骨をおる　心遣い　「きもいそぎ」心急くこと　「きもたましい」きもだま気力　胆力　度胸　「きもつぶれ」驚き慌てること　「きもふと」大胆　「きもがながい」辛抱強い

きもん（名詞）鬼門　方位に関する迷信。何事も忌み避けるべき方角。うしとら（北東）の方角に、禍を避けるために神仏を祀った

きやめ（名詞）「気病む」の転か　心配事からくる病気　神経衰弱　ノイローゼ　「きやみにして　あぶなしと聞き及びしが」（近松）

奄美歌

ゆきむらのあがこ　ゆきむらのしよしらよ　きやめなとて　やはちちゅうみち

やはち（家放ち　家出）

きやら（名詞）伽羅　香木

薩摩盆踊歌

闇夜なれども忍ばば忍べ　伽羅の香りをしるべにて

きゃんま（名詞）蜻蛉の一種

きゅうてん（名詞）灸点　灸治のつぼ　灸点をつけるのに、奄美では昔から蕖しべ（蕖の心）をもって、手指の寸尺で灸穴の基準をとった　「令見之加灸点」（明月記　藤原定家）

ぎゅうひ（名詞）求肥　葛の粉に白砂糖と飴を加えて和し練ったもの。

南島雑話　天保十三年卯　三月朔日

ぎうい　瑞米の粉　白砂糖にて練りつめ　葛の粉をつく上品の羹なり

名越左源太遠島日記　嘉永三年六月十日

肴一疋　ぎうひ三重　形菓子一重呉申候

きょら（形容詞）清らか　輝くばかりに美しいこと　さわやかなこと　「きょらむん」美人　「きょらさ」美しさ　「きょらめらべ」可愛い女の子

奄美民謡

諸鈍めわらべぬ　顔守りぬきょらさ

深山　若桜　枝持ちのきょらさ

もも忍び通って　ひと枝取ろ

きょらうなぐぬ心や　濁り田ぬ澱み水

阿木名つじ（頂）のぼて　こけらの下見れば

きょらさめわらべ　布織りゅり

きわ（名詞）際　端　境　ほとり　傍

ぎんがた（名詞）片足で跳び歩くこと

ぎんおどり（名詞）流行病や疫を追い出す祭り　昔、加計呂麻島の渡連では、旧暦八月十五夜の前の「あらせつ」と「しばさし」の七日七夜を、「あしなれ」と称し皆で踊った。十七歳以下の小さい子供まで、七日夜に綱を引いて海へ投げ入れ、シマ（集落）の疫病神を追い出す祭り

　奄美歌

ヤンセー　島のいべがなし　ヤンセー

島見守りたぼれ　祝いておせろ　いじらん人や

米三合ずつ貰うど　太撚りの綱

たばらばヤンセー　しばらばヤンセー

きんまもん（名詞）山の神

ぎんみ（名詞）話し合い　おやぎんみ　物事を詳しく調べ協議すること

　奄美歌

汝背とわがしのび　しのばぬあらわれて　明日や親吟味あらば　きゃすんが

きんめ（名詞）斤目　江戸時代の貫・匁・分・厘などの呼び方の総称　明治時代に入って、この名を使っての貨幣の呼び方を改めたが、奄美では物の量を計ることを「きんめ」と称していた。

きんりょう（名詞）斤量　桝のこと

　南島記　巻三

此島気候暖なる故にして、貯る時は忽ち虫付いて用に立たず。能干上て穂の儘に貯ふ。籾に

ても貯ふ。籾一俵は五十斤入あり、百斤入あり。五十斤の籾を搗て米一斗五升なり。以て百斤は三斗なり。籾一斤につき三合の賦也。石稲を掛る斤量はほかにあり。一升二升の他ありて、五升まで掛るやうに仕掛けたり。京桝のことを京盥といふ。

く

ぐ　ぐう（名詞）仲間　連れ　仲の良い間柄　仲良くすること　組を作る　伽をすること　広い意味で、心を合わせることを言う　ぐうする（動詞）仲間になる　連れになる

くう（動詞）食べる

くえ（名詞）壊崩　くえる（動詞）崩れる　「応永年間の地震に旧社地くえ（崩壊）て御造営なりがたかりし故に　今の社地に遷祭る事となれるなり」（古語拾遺）「鼻の脇のきめ皴もだんだん深くくえこんで」（式亭三馬　浮世風呂）

くお（名詞）肺結核　肺病　徳之島

くおる（動詞）食べる　「くおれ」食べなさい（沖永良部）　「くおかけ」食べ残し（島根）　「くいすえる」満腹するほど食べる（三重）　「くわっき」ご馳走になる　「くわっきしゃおた」ごちそうさま

くが（名詞）卵　鳥や虫などの雌の生殖細胞　南島全域と八重山島では、「こが」ともいう　くがやき

こがやき　卵焼き

八重山鷲の歌

百枝の巣から　八重枝の巣から　金ぴら卵なし　七ぴらのくがなし　五ぴらの卵から　七ぴらのくがから　綾羽の生えれば　白羽の生えれば　新年の　あさばな（朝早く）大大和島へ舞ひ行け　やすらひのてだ（太陽）へ舞い行け

名越佐源太翁遠島日記　嘉永三年五月八日巳子　丑亥晴

一、吸い物四つ　一、丼物四つ　一、硯蓋一面　……こが焼　刻み昆布

くが（名詞）陸　「かの車を横に押し　舟をくがにといはんばかりになりゆくめり」（花月双紙）「山は崩れて川を埋み　海かたぶきてくがをひたせり」（方丈記）

くがち（名詞）陸地

くがぢ（名詞）陸上の路　「遠干潟俄にくがぢとなること二十余町なり」（太平記巻二）

くがね（名詞）「こがね」に同じ　黄金　金　天皇の御代栄えむと東なる陸奥山にくがね花咲く（万・十八・四〇九七）

くがねばな（名詞）黄金花　女郎花や酢漿草をさす。いずれも秋に黄色い花をつける。奄美民謡に「こがね花咲かち」とある。秋田や宮城などの北部では女郎花をさし、筑紫以南は酢漿草をさす。

ぐく（名詞）穀物　「ごこく（五穀）」が、つまったものか。米麦粟黍豆など、日々糧として食べる主要な穀物のこと。

奄美歌

ゆんぬ（与論）という島や　いんさ（小さい）やあしが　海の底に　ぐくぬたまる

くくむ（動詞）含む　口に物を含むこと　上代語「ふふむ」の転か　「氷くくみたる声にて」蜻蛉日記　くくみ酒　くくん酒　愛情の表現として、異性の口から口へと、口移しに移す酒のこと。なお「ふふむ」には、草木の芽や花が蕾の状態にあることも表わす。我妹子が何ともわれを思はねば　ふふめる花の穂に咲きぬべし（万・十一・二七八三）

くくもる（動詞）こもってはっきりしないこと　くくもり声　くぐもってはっきりしない声　「鼎を被りて物言ふにくくもり声にて響きて聞こえず」（徒然草）

くささ（名詞）臭いこと　嫌な匂いがすること

くさつつみ　災難に遭って慎んでいること。

くさぶるい（名詞）マラリア　高熱を発して身体を震わせる　蚊が媒介する　「くさつつみ」「くさの病」「くさ」とも　奄美では明治の頃まで、高熱の時身体を冷やす方法として芭蕉の葉で体を包んだ

くさづつみ（名詞）疱瘡　フィラリア　マラリア　草負けなど　草負けは、草に寝転んだときにできる湿疹の様なものをもいう

くさまくら（名詞）草枕　旅に出て草を結んで枕としたことから、旅寝や旅行の意に用いる。

奄美歌

旅や浜やどり草の根の枕　いつか島もどて吾が加那見ゆり

くさむすび（名詞）草結び　草占い　自分の結んだ草が、後になって見たときに解けていなければ吉、解けていれば凶とした。草を結んで旅の安泰を祈った古代の民間信仰の名残りと思われる。

奄美では、明治中頃まで恋人の家の門の近くの草を結んで合意の合図としていた。妹が門行き過ぎかねて草結ぶ　風吹き解くな　またかへりみむ（万・十二・三〇五六）

くさも（名詞）草裳　芭蕉布のこと
奄美歌（昭和十六年　川端つる　当時八十六歳より口述したもの）
なるな　なるな　宇宿の人の嫁なるな　宇宿女や　芭蕉もれが仕事（宇宿の女性は、竜郷方面まで芭蕉を貰いに出向いていた）

くさもち（名詞）蓬餅　三月三日の節句の日に作る。「三月三日に草餅を用いること周の幽王の時より始まると云ひ伝えたり　また此の日、艾（よもぎ）を取て納めてくすりに用いてよしと月令に有り『礼記月令編』」（包丁書録　林道春著）

くされ（接頭語）ある語に冠して相手を卑しめて言う時につける　ことを成りゆきに任せ自暴自棄になることも「くされ」という　くされわた　腹黒い人　老婆を罵って「くさればばあ」という　腐れ縁　離れようとしても離れられない縁　「くされ女の四つ足め」（近松門左衛門　心中天網島）」「くさりおんなにかなしうぃはれたる―薄情な女」（宇治拾遺物語）

くさふるい（名詞）突然熱を発する病気　奄美全域　種子島　九州各地の方言に見られる

ぐさみ（名詞）杖　南島全域　「ぐしゃみ」・「ぐさん」とも

くさめ（名詞）くしゃみ　昔は「はなひ」「はなしき」

くじり（名詞）皮肉

くじる（動詞）穴を開ける　穿つ　広島　大分　熊本　鹿児島　奄美

ぐすく（名詞）城　もりぐすく　森の中の城　石垣　南島

くだ（名詞）管　小さな竹の筒　機の部品名、横糸を巻き付け梭（ひ）に入れ、横糸を送り出すようにしたもの。小さな笛「吹きなせる　くだ（角笛）の音も　敵見たる」（万・二・一九九）「くだ」くどいこと「くだくだ」わざとらしいこと

くたし（名詞）腐ること

くたす（動詞）腐る「くたつ」とも　卯の花を腐す霖雨の水始に　寄る木屑なす　寄らむ子もがも（万・十九・四二一七）

奄美歌

言いも出されぬ　かくちかくされぬ　朝夕吾が胸に　くたそしのぎ　しのぎしのぎし　思いくたす。

くたれ（名詞）衣などの萎えたことをいう　道行きて疲れることを「くたびれる」というのはこの語からきたか「くだめる」踏みつける　南島全域「くだら」膝　膝頭　膝の皿

くち（名詞）「こち」とも　東風　南島全域　東　琉球

くち（名詞）口　言葉　言語「のれぐち」呪いの言葉　呪詛「くちいれ」人を呪う言葉「くちがため」「くちむすび」とも　結納　口約束　口止め　奄美では婚約の時に用いた「くちごたえ」身分下の者が、上の者に向かって抗うこと「くちすい」口吸い　接吻

奄美歌

きもちゃげぬ加那が　み口吸う時や　息の上げ下げ知られ　苦しや

（恋しいあなたと接吻するときは、呼吸さえ苦しくなる）
奄美歌（諸鈍長浜）
諸鈍乙女の雪のろ歯くき　いつか夜の暮れて　み口吸はな
「くちする」文句を言う　人の悪口を言う　「くちてんごう」冗談　「やまとぐち」大和言葉　鹿児島人の使う言葉　「くちもん」文句の多い人　よく喋る人　「くちよせ（口寄せ）」巫女が死者の魂を呼び寄せ、その言葉を自分の口を通じて人に告げること　奄美では、死後七日めの夜、「まぶり寄せ」と称して、死者の魂を呼び寄せ語らせる風習が有った。

くちなし（名詞）梔子　梔子の花　くちなしいろ　濃い黄色　梔子の果実で染める

くちなわ（名詞）蛇　朽ちた縄のように見えるところから　「桶を寄せて移しければ、虻・蜂・百足・蜥蜴・くちなわなど出でて」（宇治拾遺物語）

くどき（名詞）口説き　意中の相手に自分の恋心を訴えること
喜界島口説
口説きのぞまば　吾がよでおせろ
吾が口説き　なまばやり
汝きゃのぞまば　詠でおせろ
よでもさめらぬ　わがくどき
肝さめらぬ　吾が口説き
よまばだんだん　ち召それ

○
海は黒潮　酒なゆり
浜ぬ白砂　米なゆり
庭ぬ石垣　黄金なゆり

○
原に育ちゃる　あや牛ぐわ
牛番ぬ廻って来ゅんど
さあさあ、吾や先に逃げろ

くな（名詞）組　一つの集団　グループのこと　一組、二組　三組を、「ちゅくな　たくな　みくな」という

くながい（名詞）まぐあい　性交　房事　男女抱き合うこと　「くなぐ」情交　「くながいする」結婚する

くなぐ　ふなぐ（動詞）性交をする　肉体の交わりをする　「まぐ」「つるぶ」と同意　「名義抄」婚とつぐ　つるぶ　くなぐ　まぐ

くねぶ　くねんぼ（名詞）九年母　蜜柑の一種　「唐くねぶ」とも　橙を「こがねくねぶ」　徳之島では「くねん」　沖縄では「くにぶ」　橘に同じく刺少なく初夏に香気ある白花を開く　大きさ柚の如く皮の厚さも同じ　肌細かにして熟すること遅し　味は酸なり

奄美歌
高い窓からくねぶ投げて　九年待てとの知らせさめ

大島有用植物誌（内藤喬著）

「沖縄の羽地蜜柑が大島に伝わって九年母となったのではないかとも言われている。徳之島では正月の注連縄飾りで之をつける。内地の橙の代わりと思われる」

くねる（動詞）ねじる　曲げる　ひがむ　すねる　「くねり腹立て」（沙石集）十訓抄にも用例が見える

くばや（名詞）蒲葵の葉で屋根を葺いた小屋　祭祀に用いる小屋のこと　しにぐ祭の祭殿

奄美歌

くばのきょらさや　実久のくばや

くびる（動詞）縊る　くくる　結ぶ　「きびる」とも　自分で首を縊って死ぬ　奄美では帯のことを「きび」という

くぶすい（名詞）胸に当てる肌着　子供の胸当て

くぶる　くべる（動詞）薪を火に入れ燃やすこと　「くべりゆ」熱湯

くましきり（名詞）吝嗇家　けちんぼう　欲張り

くまごと（名詞）秘め事　隠し事　秘密

くらくら（副詞）心が燃えたような　目眩がするような

くらがり（名詞）暗がり　「あかがり」は、明るいこと

くり（代名詞）事物一般を指す時に使う「これ」に同じ　与論や喜界島では「く」が「ふ」に転訛して「ふり」という

くる（名詞）こり　男の子供の遊び道具である紐で打ち廻す独楽　独楽の遊びを「くるまわし」という

「くるくると」すらすらと物事を滞りなく進める　「くるめかす」回転させる　「くるめる」騙す

南島雑話

久留（くる）と号して木を削り尖らして三寸ばかりに切り　又外に棒に芭蕉を結い付　夫れを久留に巻きて引解具　勢いに廻るを棒に付たる芭蕉にて打付か廻すなり　吾が藩にある唄独楽なり　是にも勝敗ありて負けたる者の久留を勝ちたる者掠め取るなり

くるおしい（形容詞）気違いじみてみえる　狂っている　きもぐるしゃ　心が狂いそうなくらい残念でたまらない

くれ（名詞）榑　用材　「くれぎ」皮の付いたままの丸太　公に奉る用材　「くれそぎ」細木　藩政時代、船による密輸を防ぐために、薩摩藩は竹木横目の監督の下で、黒砂糖樽を毎年新しいものにしたが、用材の入手の困難な喜界島には榑木を鹿児島から運んだ。なお、密輸は使い古しの樽（砂糖が染み出て黒色をしていた）を使用したので、黒樽と言われた。

くるみ（名詞）胡桃

くろ（名詞）黒色　「くろかみ」黒い艶やかな髪　「くろま」黒毛の馬　「くろふじょう　あかふじょうしろふじょう」死人による穢れ（忌み詞）

くろしま（名詞）黒島　薩摩国川辺郡内黒島

くゎ　ぐゎ（接尾語）名詞に付いて、可愛いらしい　小さい　細いなどの意を表わす　「うしくゎ」牛「やぎくゎ」山羊　「あせっくゎ」女性を敬って言う

くわす（動詞）食べさせる　もてなしをする給仕をする　ご馳走のことを「ものくわせ」と言う　「もと

見し人の前に出で来て、ものくはせなどしけり」（伊勢物語）

くわはぎ（名詞）フィラリア　「はぎ」は足　大きく腫れた足の意

くわっけ　くゎっけい（名詞）豊かな生活　ご馳走を毎日食べる　大島北部では「くわっき」、南部では「くゎっき」

くわんにん（名詞）役人　官人からきた言葉　奄美では、鹿児島城下から来た役人と代官を言った「やまとくわんにん」大和から来た役人

ぐんじ（名詞）かすりのこと　奄美瀬戸内と琉球で言う「紺地」の転か　「紺地の錦の直垂に」（平治物語）

奄美歌

旅や浜やどり　草の葉の枕　寝ても忘られぬ　吾が親ぬおそば」

（ぐんじを着た娘たちが、旅立った恋人を慕って浜で踊った民謡）

ぐんぎゃ（名詞）びっこ　「ぐんぎゃはぎ」とも　首里では「ぐーなー」

くんくみ（名詞）玄関　喜界島

ぐーさ（名詞）漁夫　徳之島

くんち（名詞）晦日

け

け（名詞）食べ物　笥の転じたものか　みけ（「み」は、尊敬の意を表わす接頭語「御」であろう）　さんどみけ（三度の食事）喜界島

奄美歌（沖永良部島）

泣くな　泣くな　筆子（てくこ）が子
泣くな　泣くな　倉番（くらひや）が子
御蔵米取って　け炊ち食わしゅど

海人小舟はららに浮きて　大御食（おおみけ）に仕へ奉ると　をちこちに漁り釣りけり（万・二十・四三六〇）

けー意味を強めたり　気配を表わしたり　なんとなく等の意を表わす　「あけー」「あげー」驚いた時、吐き捨てるように言うとき　相手を無視するとき　怒ったとき等々　声の抑揚によって種々の感情を表す

けう（名詞）希有　珍しいこと　まれなこと　滅多にないこと　「よべけうのことさぶらひしなり」（宇治拾遺物語）

けし（名詞）衣装　尊敬の意の接頭語を付けて「みけし」とも　「けしぬい」衣装を縫うこと

奄美歌
糸取り　機織り　けし縫い　たくみ

げす（名詞）身分の卑しい者　素性の怪しい者　庶民　身分の低い者　琉球では、島人を支配階級の按司と被支配階級の「げす」の二階級に分けたが、薩摩藩の直接支配を受けた奄美では、島民全てが「げす」であった。「女も男もいとげすにはあらざりけれど」（大和物語）

祀女祭詞
げすの子の　たまがり者や　山行けば　あやしまだらく　磯行けば　くじらわんさば　いとちぢまき

けぶし　けぶり（名詞）煙　けぶたし　煙い　「雲の浪けぶりの浪と立ち隔てあひ見んことのはるかなるかな」（栄華物語）

げにん（名詞）下人　身分の低い者　使用人　江戸時代の奄美では、膝（奴隷）を下人と称した。

大島遠島記
嘉永三年九月二十四日　癸丑　晴　藤進所へ三国志三拾五冊迄返し四拾三冊迄借用申候　書過ぎ罷帰申候　是非「下人」へ提灯を為燈罷帰候様……

こ　ご

こ（動詞）来い　「みがこ」「みにこ」見に来い　見に来なさい　「かんこ」こっちへ来い　こっちへ来なさい　楽浪の連庫山に雲居れば　雨ぞ降りちふ帰り来わが背（万・七・一一七〇）

こ　こま（代名詞）近称の代名詞　これ　ここ　この場所　この所　「こま」の反対は、彼方の意の「あま」

こうそまつり（名詞）高祖祭り
　南島雑話
　八月朔日二日丙丁日、高祖を祭る。男女太鼓を打ち踊りをする事にて　村中を廻り晝夜の無分家毎に至りくまなく廻り済まして帰るなり。これを八月踊りと言う。島中大概斯くの如し。
　名越左源太遠島日記
　嘉永三年八月六日乙丑　八月初乙に高祖祭とて先祖祭を行なう　魚肉にて飯杯備へ香を焚き申候　位牌は出し不申　今夜九つ時分より村中の者共、門毎に踊りを仕る事……

こうら　ごうら（名詞）流れる川　川端　河原　奄美のほか壱岐　トカラ列島宝島では、谷の意

こうる（動詞）食べる　「こうれ」食べなさい　「あべ、こうれ」粥を食べなさい
　国分の童べ歌

吾が家のな　きかん坊主な　飯こべた　昨夜もこべたまたこべた
（昭和三十二年一月　国分の有馬武次郎氏＝七十七歳＝から　「国分市公民館余話」にて採取「こべる」は食べるの意）

こけら（名詞）木削るの略か　木材を斧や手斧で削った後に出る木屑　板屋根を葺くに用いた

こざ　寝屋　寝間　「こだ」とも　鹿児島肝属　長野県佐久

こじき（名詞）いわゆる乞食ではなく、癩患者の意

ごしょうのもん（名詞）死後の世界へ行く門
　奄美歌（沖永良部の歌）
後生の門や一門　赤田門や七門　うり開けて見れば　吾が親や　神なちゅり
（赤田門は、首里の王城門）

こえ（名詞）音　物が触れて出る音　響き　楽器の音　波の声　笛の声
　奄美歌
蛇皮線の声聞けば　吾きゃやぬし（のように）……

こがねくねぶ（名詞）橙　こがねばな　おみなえし　奄美では、美しい花の意で用いる

こぐ（動詞）揺り動かす　ふねこぎ　女性に乗って揺り動かす意から、「くなぐ」と同じ性交の意味もある　「こぎしゃ」好色者　色好み　秋風の吹き扱き敷ける花の庭　清き月夜に見れど飽かぬかも
（万・二十・四四五三）

こけら（名詞）柿　檜や槇等の木材を薄く剥いで作った板で屋根を葺く

奄美歌

阿木名つじのぼて　こけらのて見れば　きょらさめわらべの　布織りゅり

ごこう（名詞）五更　昔、一晩を五つに分けたが、その五番目の時刻　今の午前四時頃

名越左源太遠島日記

嘉永三年八月八日　丁卯　晴　今日も八月踊り、昨日の名残りの由にて、晝時分より五更の時分迄　太鼓の音歌の声聞え申候

ここのつどき（名詞）九つ時　今の正午か午前零時

奄美歌

八つと九つ花の縁ば結で　約束のままに　出じていもれ

名越左源太遠島日記

九つ時分、御両親様へと御辞儀申上

こころ（名詞）心　同意の言葉に「きもごころ」「こころきも」　きもぐるしゃ　心苦しく思う　こころあさし（形容詞）思慮が浅い　情けが薄い　こころあさてど　づり名立ちゅり　「づり」遊女　「こころあさしくけしからず人笑へならんを」（源氏物語・浮舟）

こしき（名詞）甑　飯などを蒸す道具　蒸し器　竈には火気ふきたてず　甑には蜘蛛の巣かきて　飯炊くことも忘れて（万・五・八九二）　江戸時代の奄美では、砂糖黍の収穫や黒糖の生産で忙しい時には焼酎用の甑に封印をさせられた

ごしょう（名詞）後生　仏語で来世　後の世に生まれること　来世「今生の面目　後生の思い出にせ

よ」(保元物語)

奄美歌

後生が道立てば送りべや　うふさ　とべら石まけば汝身(など)やひとり

大和旅すれば月よで待ちゅり　後生が旅すれば何よで待ちゅり

こぞ(名詞)去年　昨年　去年(こぞ)の秋相見しままに　今日見れば　面やめづらし　都方人(万・十八・四一一七)

こだくみ(名詞)大工　「こだくみのつかさ」(和名抄)　「糸取り機織り衣縫い木内匠(こだくみ)」(奄美上代記)

こち(名詞)東風　「こちかぜ」とも　「あさこち」朝の東風

こちごち(代名詞)あちらこちら　こちごちの花の盛りにあらねども　君が御幸は今にしあるべし(万・九・一七四九)

奄美歌

ひるやまちば　きゃしかやきゆる　こちごちの　みのかさかぶて　よいやさ　こらさ

こちたし(形容詞)とても苦しい　評判がうるさい　おほろかの心は　思はじわがゆゑに　人に言痛(こちた)く言はれしものを(万・十一・二五三五)胸のこちたさ　胸苦しい

こて　ごて(名詞)牡牛　大きな牡牛　「こってい」「ことい」とも　牡牛(ことひうし)の　三宅の潟にさし向ふ(万・九・一七八〇)

ことだま(名詞)言霊　言葉には霊が宿り、その用い方によって人の禍福を左右すると考えた古代信

仰。たとえば、「シ」という音は死に通じると考えた　磯城島の大和の国は　言霊の助くる国ぞ
真幸くありこそ（万・十三・三二五四）
ことむく（動詞）服従させる　平らげる　言うことをきかす　ちはやぶる神を言向け　まつろはぬ人
をも和し（万・二十・四四六五）
ことり　こどり（名詞）手伝い　言葉をかけること　吉凶の挨拶に人を訪ねること
こなし（名詞）意のままに扱う　慣れていること　覚え込むこと
奄美歌
しょんがね節や　吾がこなちおかば　蛇皮線持ちいもれ
（奄美民謡のしょんがね節を　私が上手になっておくから　蛇皮線を持って、いらっしゃい）
こなす（動詞）意のままに扱う　けなす　いじめる
こまくら（名詞）木の枕　家に来てわが屋を見れば　玉床の外に向きけり　妹が木枕（万・二・二一六）
奄美歌
加那が腕枕朝夕しなれ　明けや木枕かまち（頭）痛さ
こましきり（名詞）欲張り　けちん坊　吝嗇家　「くっぴ」とも　こましゃやあ（けちだねえ）　宮崎では
「こましごろ」　上方方言で相手を卑しめて言う「こます」（くれてやる意）からか
こば（名詞）檳榔　奄美全域
ごはま（名詞）橘
こまつ（名詞）松の木　「こまつぎ」とも

こもり（名詞）植物が生い茂って見えない入り江　水溜り　草に覆われて見えない窪地　沼地　「やどごもり」家に閉じ込もること

奄美歌

こもる（動詞）籠もる　隠れる　家に閉じ込もる　垂乳根の母が養ふ　蚕の繭隠り　隠れる妹を見む

こもりふかこもり　渡らぬときや　情け橋架けて　渡ちたぼれ

よしもがも（万・十一・二四九五）

ごろっと（副詞）すっかり　全部の

こわし（形容詞）強い　手強い　勇猛　きもごわさ（強情　冷酷）

奄美歌

きもごわさもてば　あとは吾が身泣きゅり

これ（感動詞）相手に呼びかける語おい、こら　もしもし

ころ（名詞）子供や女性を親しんで呼ぶときに用いる　あの子　あの人

さ

さえ（助詞）～までも　～さえも

さおいれ（名詞）検地　田畑土地や道路などを計測すること　竿を用いて測量したことからこの言い方が出た

琉球志

曲尺六尺五寸を一間とし……方六尺五寸を一坪とし三十坪を一畝とし三百坪を一反とし十反を一項とす

さかき（名詞）榊　神域に植えられる常緑樹　もっぱら神事に用いる　椿科に属し山地に自生する常緑の小喬木　ひさかたの　天の原より生まれ来たる　神の命　奥山のさかきの枝に……（万・三・三七九　長歌）

さかし（形容詞）賢い　才能が在る　秀でた　いにしへのさかしき人の　遊びけむ　吉野の川原　見れども飽かぬかも（万・九・一七二五）さかしら　物知りぶっている　知ったかぶり　さかしらうなぐ　利口ぶった女

奄美歌

さかしぬ　一番や　西古見ぬ　南州丸　さかし　うりよりさかしや

管鈍や　ふじかは　花天やなんがち　まんこいぬれ　浜やさかし

さかやき（名詞）月代　月額　もともとは中古以来の武士の髪形で前額から頭頂にかけて頭髪を剃った。奄美では顔を剃ることをいった

さかり（名詞）盛り　勢いが盛んなこと　性力旺盛　隆盛　「さかりすぎ」盛りが過ぎた老人（ここでの「さかり」は　好色の意）　「さかりうなぐ」盛り女　年頃の女　「猫のさかり」猫の発情期　わが盛

りいたく降ちぬ　雲に飛ぶ薬はむとも　また変若めやも（万・五・八四七）

奄美歌

吾がよ　山あらし　咲き出じり　花に　ひとさかり　待たじ　吹き散らす

さき（名詞）崎　岬　島または磯の突端　近江の海泊八十あり　八十島の　島の崎崎（万・十三・三二三九　長歌）

さく（名詞）谷　窪地　盆地　窪んで長く平らな土地　山間の地　千葉県や福島県でもいう

さぐり（名詞）夜這い　女の寝床に這い込んで行くこと

さぐる（名詞）探る　訪ね求める　「帰り入りて探りたまへば女君はさながらふして」（源氏物語　夕顔）

さげおび（名詞）下げ帯　「前帯」「一重帯」ともいう　前で結んで両端を垂れた　琉球の「あんぐゎ（姑）」の前帯は、昭和の初め頃まで見られた。もともとは室町時代に宮中の女官が用いた帯で、金糸銀糸の縫い取り模様が在り、巾約二十センチ、前に結んで垂れる。江戸中期以後は御殿女中の夏帯となり、背後で結んで両端を鳥の翼のように張った。

さざれ（名詞）細かい　さざれいし　小石　さざれいしに駒を馳せさて　心痛み　吾が思ふ妹が　家のあたりかも（万・十四・三五四二）

奄美歌

さざれこま石の大樵真石なるまでも　苔草の生えがで　かわるなよしよしら　もとのお顔

さし（名詞）錠　鍵　奄美全域　「さしっくゎ」とも　沖永良部島では天秤棒のことをいう

さじ（名詞）頭　昔女性が頭に被り、後ろに垂らした手拭いのような布

奄美歌

うちゃげさぢなて　かしら染まぬよりも　綾くぶしなて　ま胸抱かんよりも　黒手綱なて　がまく抱かん　み腰がはむなて　真肌染めな

（がまく―腰　がはむ―祝女が腰に巻く裳）

さしぐし（名詞）挿し櫛　髪飾り　「さしくせ」とも　さしぐしのかざしの日影さやかなる　とよのあかりぞ昔恋しき（夫木集　十八　民部卿為家）

さしぐみに（副詞）さっそく　不意に　突然　さしぐみに、古物語にかかづらひて夜を明かしはてむも（源氏物語　橋姫）

さす（動詞）閉ず　閉ざす　閉じる　鍵を閉める　「鎖す」からきた語　老いらくの来むとしりせば門さして　なしと答へてあはずらましを（古今集　八九二）「さすや」鍵のかかる物置き　馬小屋の隣の物置き　「さすんや」とも　「さすっくゎ」合い鍵

さすかさ（名詞）ノロよりも上級の神女

おもろさうし　あおりやへ節

聞え差笠が　さしふ降れ　変わて　十百年の　世添うせぢ　按司襲いに　みおやせ　さしふ神女

新立王殿

行の森　行の嶽　さすかさ　みよこの明川　島が上　国が上

大城（おおぐすく）杜城　よい神　よい男

名瀬の有盛神社の祭祀
古見ぬあふりや　古見のみ代雲　さあをぬさすかさ　山の名瀬城
名瀬の内蔵　天ぬ真白毛　まさし　けさどの

さた（名詞）沙汰　評判　噂　始末　「いさた」とも　三井寺には、折りふし競がさたありけり（平家物語）

さだ（名詞）時　機会　「しだ」とも　いとさだすぎ　ふるぶるしき人（枕草子）

さだる　盛りの年齢を過ぎていること　沖つ白波辺波の来寄る　左太の浦の　このさだ過ぎて後恋ひむかも（万・十一・二七三二）

さつまがた（名詞）薩摩の海　さつまがた沖の小島に我はありと　親には告げよ八重の潮風（千載集平康頼）　治承元年（一一七七）平家追討の謀議を藤原成経・平康頼・僧俊寛らは鹿谷で謀議したが発覚して捕われ、翌年三人は薩摩の硫黄島に流された。

さで（名詞）小網　魚を掬い捕る道具　掬い網　「さであみ」とも　箕形で後ろが狭く前を広く作る　三川の淵瀬もおちずさでさすに　衣手濡れぬ干す　子はなしに（万・九・一七一七）

さても（副詞）それでもやはり　奄美ではよく使われる　さてもさても　いやどうもまったく

さと（名詞）〜さん　女性から男性をさして言うときの尊称　恩納獄　あがち（彼方）　さとが生まれ島（琉歌）　「さとぬし」あなた（恋人へ）　「おめさと」思い男　恋人のこと

さと（名詞）里　村　集落　里は上代は行政区画の呼び方で、郡の内を分けて人家約五十戸をもって一区（人口五十ないし八十人）とし、これを里と称した。後に郷と称す。

さとう（名詞）砂糖

薩州産物録（寛政四年）

琉球及諸島に出ス　日本国中所用のものは大抵此国の産なり　唐より長崎へ　来るは尤も上品也　之を唐黒（カラクロ）と云　琉球は是に及ばず

さとおさ（名詞）里の長　村長　しもととる　さとをさが声は　寝屋処まで　来立ち呼ばひぬ（万・五・八九二　長歌）

さとまえ（名詞）おまえ様

さどり（名詞）夜這い　手で探し求める　探る

奄美歌

深山奥山に　杉うちよち置かば　うりさどりさどり　探めておもえ

さね（副詞）本当に　まことに　まことに　立ちかはり月重なりて会はねども　さね忘らへず面影にして（万・九・一七九四）

さね（名詞）梅や桃のように果実の中にあるものを「さね」、五穀のように直接食べたり直に蒔くものを種子（たね）という　波照島では褌の意にも

さねる（動詞）ひねる　左へねじ曲げる　捻り回す　男女が手足を絡ませて寝ていることや男女が共寝すること　性交する　古語の「さ寝」（「さ」は接頭語　男女が共寝する）からきたものであろう

奄美では常用語　さねさねて　幾度も共寝して　我妹子と　さねし妻屋に　朝には　出で立ち偲ひ（万・三・四八一　長歌）　川上の根白高萱　あやにあやに　さねさねてこそ言に出にしか

（万・十四・三四九七）

さねかづら（名詞）真葛　山地に自生する蔓性の木の名

さわ（名詞）多いこと　「忍坂の大室屋に人さわに」（古事記　中巻）

さば（名詞）草履　八重山島など南島全域

さばき（名詞）櫛　「ただ騒がしく　さばき髪して　片肌脱ぎ」（西鶴　好色一代男）

さばくり（名詞）世話　琉球王朝時代の職制に「さばくり」という役職が在った　「間切り官員　首里大屋子一人　大掟（さばくり）一人　南風掟一人　西掟一人」（琉球志）　屋久島の宮之浦には、「婿入りのさばくり」という習俗があった。結婚翌日新婚の夫婦で嫁方の家に挨拶に行き、馳走をして散財をする習わし

さばくる（動詞）世話をする　処理する　扱う　仕事のはかが行く　「唐瓶子草子など取りさばくり銚子ども以て酒勧めむとす」（平家物語）

さわり（名詞）障害　さしつかえ　妨げとなるもの　真幸くて妹が斎はば沖つ波　千里に立つとも障（さはり）あらめやも（万・十五・三五八三）

さわる（動詞）差し支える　障害になる　邪魔になる　祟りがある　「八日さはることありて　なほ同じところなり」（土佐日記）

さぶらう（助動詞）そうろう　動詞の連用形に付いて敬意を表わす　「みしょりんしょうれ」召し上がれ　「召し上がれそうらへ」の略

ざぼん（名詞）蜜柑科の果実　その実は大きく厚い果皮を持ち　果肉は甘酸っぱい。

さま（名詞）愛しい人　恋人　さまはさまでも他所のさま　さまはあの峰わしゃこちの峰　中へ引き寄せ草を刈ろ（鹿児島民謡）

ざま（接尾語）〜の様子　このざま　あのざま　見ざま　死にざま

さまたげ（名詞）邪魔　障り

さやかに（形容動詞）紛れもない　はっきりしている　鮮やか　晴れ晴れとしている「またさやかにも　見てしがなと」（源氏物語　帚木）

奄美歌

誰も秋の夜や　よその上や秋の夜のさやか　吾が身のよしあしや暗路心

さら（名詞）新しい物「さらみいもの」真新しい品物

奄美歌

おぼこりどやゆる　果報さらどやゆる　来年の稲かなし　あぶしまくら

さらしぬの（名詞）晒した木綿布や麻布「夏の夜着に幅広のさらしぬのを織り出させ（西鶴）

ざれる（動詞）戯れる　ふざける　ざれあい　戯れ　ざれごと　冗談

さわに（形容動詞）多く「敷島の大和の国に　人さはに　満ちてあれども」（万・十三・三二四八）

さんこん（名詞）酒宴のこと　正式には酒を三度注ぐことを三回繰り返すことをいった　三献　いっこん　ちょっとした小さな酒宴「ある夜一献ありけるに」（太平記）

南島雑話

年始迎には　寿老人床飾餅門松飾り……硯蓋丼家内中焼酎替しあり　是を三献という

さんとき（名詞）申の刻　午後四時ごろ

奄美歌

ぐすくからおりて　さんときのあいだ　たれによこれて　なまきちゃる

さんのぜん（名詞）もともとは本膳から数えて三番目の膳をいうが、奄美では三の膳まで出すご馳走を言った。明治の頃まで、貴人官人の接待に三の膳を出した。

さんしん（名詞）三味線　奄美では蛇の皮を張った蛇皮線のこと

ざん（名詞）儒艮（じゅごん）の琉語である　ジュゴン科の哺乳動物　主に熱帯の海に棲む　胸びれで子を抱くさまが人間に似ているので昔の人は人魚と考えた

おもろ草子

ざん網結びおろちて　亀網結びおろちて　ざん百籠めて　亀百籠めて

奄美歌

ざんのいおぬ　やんぬ海にこもて（いお―魚・やん―屋仁）

さんよう（名詞）計算　「さんみん」とも

し

しい（名詞）椎　本州南部四国九州など暖地に育つブナ科の常緑樹　実は固いが奄美では食用とした椎の実ともち米を細かく砕き蘇鉄団子に加えた菓子を「蘇鉄ガン」という　『南島雑話』に「椎の実一升高菜の葉云々」の記載がある　家にあれば笥に盛る飯を草枕旅にしあれば椎の葉に盛る（万・二・一四二）

しいみいちゃ（名詞）清明茶　琉球では「しいみんさ」　琉球から奄美に伝えられた。大正の頃まで全島で用いられていた香り高い紅茶である。

琉球筆記　宝暦十二年

しんみんさ　清明茶　福州の内鼓山と云う所に寺あり　其寺の僧三月清明の節に取り製法する故清明茶と茶名を云ふ

しお（名詞）潮　干満の潮　潮流　しおぶね（川舟に対し、海で使う舟）　しおけぶり（飛沫）　しおはま（砂浜）　しおまち（潮時を待つこと）

しお（名詞）塩　しおや　塩を作るための小屋、塩屋　「しおやき」海水を煮て塩を作ること

しおはらい（名詞）潮祓い悪霊を追い出すためのお祓い　海水を黒塗りの椀に入れ、金竹の葉で潮水を撒き散らしながら唱える

奄美歌

いつうら　ななつうら　いつすみ　ななつすみ　上の潮取り捨て　中の潮取り捨て　赤ふじょ（不浄）　黒ふじょ　うち祓い　ひせきを読みて　清めん

じき（名詞）食べ物　食物　「阿修羅のじきとせよとて」（宇津保物語）「ひんまじき」昼ごはん　「ひるまじき」とも　「こじき」乞食　物乞い

しげし（形容詞）多い　たくさん　頻繁に　草木が繁茂していること　「しげ野」「しげ山」　草木が茂った野原や山の意　心には忘るる日なく思へども人の言こそしげき君にあれ（万・四・六四七）

奄美歌

○こねだこの頃や　夢しげさあたむ　肝ちゃげぬ　加那ば拝もと思おて

○すば宿開けて　加那待ちゅる夜　夜嵐やしげく　加那や見るらむ

しこぐさ（名詞）萱草　百合科多年草　忘草わが下帯に着けたれど　鬼のしこぐさ言にしりけり（万・四・七二七）

しざる（動詞）「しだる」とも　垂れ下がる　退く　後退りする　しだりんしょうれ　下がりなさい　「先にひと戦して　引きしざりたる両方の勢共」（太平記）

しし（名詞）猪　肉の意にも用いるが奄美ではもっぱら猪の意である　わが肉（しし）は膾はやし　わが肝も御膾はやし（万・十六・三八八五）

ししがり（名詞）猪狩り

南島誌（明治七年）

「深山峻嶺には野猪極めて多く田畑の妨害を為すこと少なからず　其肉味美なるに因り土人毎年十一月より二月に至るの間　犬を以て之を追はしめ　弾丸をもって之を射る　其多きは一人四日間にして十頭以上を得るに至る」（猪狩りには山狩りの作法があった。夜待ちする者や追い出し役の勢子・見張り・鉄砲方等へ緒肉を配分した上、部落の人を集めて猪汁を饗応する習わしが明治末年頃まで続いた）

名越左源太遠島日記　嘉永三年九月四日　癸巳晴

今日は、……佐恵常、佐嘉明外に犬付一人にて宍狩り仕候　犬喰にて大猪宍取得申候

ししだ（名詞）猪がよく出てきて荒らす田のこと　新墾田の鹿猪田（ししだ）の稲を倉に上げて　あなひねひねし　わが恋ふらくは（万・十六・三八四八）

しじゅうくにち（名詞）死後四十九日目に行なう仏事のこと　この間に生まれ変わる所が決まると信じられていた　「たたなぬか」とも

したごころ（名詞）下心　心の中　外に表わさない気持ち　網の浦の海をとめらが焼く塩の　思ひぞ焼くる　わがしたごころ（万・一・五　長歌）

しただみ（名詞）「したたみ」とも　琉球では「しちゃだん」　小さな巻き貝　香島嶺の机の島の小螺（しただみ）を　い拾ひ持ち来て（万・十六・三八四〇　長歌）

したも（名詞）「したもの」「したもん」とも　婦人の肌着　腰巻

したひも（名詞）たんに「ひも」ともいう　下紐　男女とも用いるが、奄美では女用のものを「したもん」といった　貞操帯の意味もあった　麻布または木綿布で、四尺ばかりの中程から二つに割り裂

き、一方を腰に廻して前に結び、他方を股の間から前に出し結んだ紐に掛ける。上代では、下紐が解けたり眉が痒かったりするのは恋人に会える前兆と見られていた。下紐は男女共直接肌身に着けるので大切な物のと考えられ、源氏物語など多くの古典に用例が見られる。君に恋ひうらぶれをれば悔しくも　わが下紐を結ふ手いたづらに（万・十一・二四〇九）

伊勢物語

われならで下紐解くな　あさがほの夕かげ待たぬ花にはありとも

ふたりして結びし紐をひとりして　あひ見るまでは解かじとぞ思ふ

琉球古歌

さと（恋人）が手に　慣れし花の下紐や　幾春になても　誰がし解かちゅか

しちとうむしろ（名詞）トカラ列島で産した筵　畳の表　七島筵など名物なり（東海道中膝栗毛　十返舎一九）

しちゃがままつり（名詞）五穀豊饒を祈る祭り　八月後の甲子の日に行なう。この祭りの前日、子供たちは山に行き木を伐って藁小屋を建て、各家々より白酒を持ち寄って田の神を祭る。

祭詞（今年の豊作に感謝し来年の豊作を願う）

へい　へい

にしのいなだま　ひがしのいなだま　いつぶたぶくろ

まんなかにひきよせて　うつされとう　うつされとう

ことしのいねがなしゃ　ひとつかでたばりつき

らいねんのいねがなし　かほう　ねがおう
やっされとう　やっされとう

しつかさ（名詞）梅毒　「しつやみ」とも

しどろもどろ（形容動詞）秩序なく乱れたさま　「中納言しどろもどろに酔ひて」（宇津保ボ物語）

しなとのかぜ（名詞）東南の風　古事記伝に「科戸の風とは神の御名よりいでて凡て風の事也　西北風の言は後世の事也」とあり、風の神である級長戸辺命（しなとべのみこと）からきていると思われる。

しなとべ（名詞）神　風の神　海の神

しにぐまつり（名詞）しにぐ祭　南島の祖神である志仁久を祀り農作物の吉凶を占う。原始的な祭礼ではあるが、奄美では重要な祭りである。奄美群島の最南端与論島では、旧暦の七月十七日に行なわれた。城間（グスクマ）・足戸（アシト）・麦屋（ムギヤ）・古里（コサト）の四部落には、まざあくら・ほうちあくら・うちぬたざあくら等の祭礼の結社があった。祭の日には、島民は神酒を携え晴着を着て、赤い旗を押し立てて蛇皮線や太鼓の賑やかな奏楽を先頭に列を作って祭場へと向かう。小高い丘に粗末な小屋を建てて祭場とし、青竹を上の方に十字に結び、白い木綿布を吊し幟とする。祭主は行列を途中まで迎え皆を率いて祭場へと向かう。途中島の最高の霊地であるシニグという神殿からやってきた緋色の衣に赤い頭巾を被った祝女に行き逢う。この祝女は祭りの三日前から神殿に籠り神の託宣を受けていたもので、その年の五穀の吉凶を祭主に告げるのである。「しにぐ祭」は沖永良部島でも行なわれる。この島では、二十四人の「百戸の長」（ヒヤノオサ・ヒヤカナシ)がいて、祭りの日に神殿に集まり祝詞を述べる。

百戸の長(ひやのおさ)の祝詞

あまた　やじゃ　　　　　　余多　屋者
じょうびょう　しもいよら　上平川　下平川
あしちゅ　くぬぎ　はたゆい　芦情　黒貫　二十四人
わしたびが　ちゅうから　　俺達が　今日から
とうかみかの　きのとのとりのひに　十三日の乙酉の日に
しにぐんかなしの　　　　　しにぐの神が
ちゃぶんくと　　　　　　　お出でになるので
うんちけ　しゃびら　　　　お招き申し上げます
とう　とう　　　　　　　　(合掌の言葉)

「百戸の長」は、神酒をいただいて帰って祭りを行なう。その時の様子は、純白の着物を着けて白布を頭に結び、手拭い状の白い布を顔の両側に挟んで下げ馬に乗って祭場へ向かう。

しのぶ(動詞)思い忍ぶ

しぬぶくさ(名詞)「しのぶぐさ」のこと　羊歯の一種　祓いに用いた「忍ぶ」と同音のために「おもいくさ」とも

しのぐ(動詞)凌駕する　押さえる　乗り越える　耐え忍ぶ　奄美の民謡に多く見られる言葉である

奥山の真木の葉しのぎ降る雪の　降りはますとも地に落ちめやも(万・六・一〇一〇)

奄美歌

○妹が島　吾が島　一つあれば　のてに　このしのぎ　吾やとりゆる

○庭ぬ糸柳　風に誘われて　風に誘われて　なびくしのぎ

○しのぎ取りてにゃ　親や生かしおかぬ　そのしのぎ取りゆす汝肝さらめ

○しのぎ止だと思えば病まぬ身も病みゆり　しのぎ振り捨てて遊でもどそ

しのびありき（名詞）逢引　男女が人の目を忍んで会う　逢引

しば（名詞）柴　山野や荒れ地に自生する雑木　しばがき　柴垣　柴を編んで作った垣

しばしば（副詞）たびたび　幾度も

奄美歌

深山入口に　柴木植えておかば　しばしばといもれ　深山入口に　真竹植えておかば　またいもれ　語ろ「いもれ」は、いらっしゃいの意

しばり（名詞）尿「いばり」「ゆまり」「ゆばり」「いばり」とも　膀胱のことを「しばりぶくろ」「ゆばりぶくろ」　幼児の小便は「しと」「しばりいとこ」妾腹の従兄弟「しばりたね」妾腹の子「いばりたね」とも

しび（名詞）鮪　奄美では鯖科の魚の総称　大海の原の荒たへの藤井の浦に鮪釣ると（万・六・九二八長歌）

しぶり（名詞）冬瓜

しま（名詞）故郷　村　奄美では、島の意に用いず、居住地をさす「しまなぐれ」故郷を偲ぶ涙

奄美歌
しまなぐれや　落とすなよ　くま（ここ）はよそ島

しもつき（名詞）陰暦十一月

南島記　巻一
沖へ碇を入れ漁獵す　其中にも十月亦春三月を此事第一とす　霜月師走正月
夜流し（夜釣り）は止める　海上俄に返し荒き故なり

しゃくど（名詞）昔奄美には計量器が無かったので、指や手を使って長さを表わしたが、これが明治時代の末頃まで普通に行なわれていた。両手を左右一杯に広げた長さを「大巾」または「尋」、胸の中心から伸ばし手の指先までを「片巾」と称した。また、親指と人差指の先までを一指巾、指一本の巾を「一口巾」、指二本並べた巾を「二口巾」、親指と小指の間を「一あた」と言った。山林や畠、道路や屋敷の測量には歩幅を用いた。

南島雜話　耕芸之事
稲を刈る時、片手にて稲を緋と一握づつ合せ一把にして、其一把を又三つ合わせ一把になして、是を一タバリと云。日本紀孝徳帝大化二年正月の紀に、三十歩広十二歩為段、十段為町。租稲二束二把、町租稲二十束と記し、束をツカタハリと仮名を送りたりと本田親孚先生の記したる書にあり。吾藩一ツカとタバリなど云う事いま絶えてなし。日本上古の言葉、吾藩今通言なくて此島今通ずる事は数多あり。……一束の稲、斤目弐拾五斤（百六十目、一斤の賦）米にして四升あるなり。一束の米四升に賦るは不易の賦なり（実入り最上の稲は米六七升あるべし）田地壱畦に稲三束の賦。又三百束田と云事あり。田地一町の事なり。即稲三百束あり。米になして弐拾石といふ。

※一把（ワ）＝一握りが三つ、一束（タバリ）＝八把（三把を八つ合わせたもの）

「十束刈」「二十束刈」という言い方で水田の広さを表した。これらの言い方は近年まで用いられた。

※「本田親孚先生の記したる書」とは、文化二年乙丑春に代官職として下島した本田孫九郎が著した『大島私考』をさす。本田氏本役御記録奉行、大島在官二年、大島の行政や諸事風俗を記す。

奄美歌

今年稲かなしゃ　一束し縛（タバ）り搗きど　しゃをたる　来年の稲　かなしゃ　一束し三十升（ツガ）二十升　搗かしゅる　果報願いおろや　うっされ　うっされ

琉球志　巻二

曲尺六尺五寸を一間とし、六十間を一町とし三十六町を一里とす。方六尺五寸を一坪とし、三十坪を一畝とし、三百坪を一反とし十反を一項とす。鯨尺は布帛に用ふ。其一尺は曲尺一尺二寸に当る。一合桝は内法方二寸一分五厘、深さ一寸四分七厘。一升枡は内法方四寸九分深さ二寸七分。目は何品を問はず皆百六十目を以て一斤と千目を一貫目とす。

琉球筆記

尺日本の尺に同じ……所により周尺とて今の尺八寸を用ふる事もある也　又所により一尺二寸を一尺と用る所もあり　周尺を家々に用ると云にはあらず　これは古制を用る時の事なるべし

……日本只今の尺何を本とせるや知らざりしに是等を通じて考えれば李唐の世の制を用ると見へたり。日本中古の制度多く唐によれば益々疑ふ事有ざるべし。

古語拾遺新註（安政二年　池辺慎棒）

さて、この□（アタ）と尋（ヒロ）との中間の量目を、尺（サカ）と号たり。尺は境間（サカ）の意にて胸の中間をいふ語なるを胸坂（ムナサカ）といへり。坂は借字にて胸間（ムナサカ）をいふなり。今は此を幾尋肩分（カタワキ）といふなり。

奄美で布巾を計る時は「の」を用いた　鯨尺で九寸から一尺の巾を言い、「ちうの（一巾）」「たあの（二巾）」という。『古語拾遺新註』に「布を一布（ひとの）二布（ふたの）など乃といふはつねなり」とある。

しゃば（名詞）世間　人間界　俗世間　この世　死後の世界の対

じゃびせん「じゃみせん」とも　三味線　奄美では海蛇の皮を剥いで張ったのでこの名がある　中国から琉球を経て天正文禄の頃に奄美に伝わったといわれている　蛇の皮が手に入らぬときは、紙で張って豚の生き血で染めた物を用いた

しゃむ（名詞）軍鶏　しゃも

しゅ（名詞）主人　自分が仕える人

しゅく（名詞）鮎の幼魚

しゅぐ（名詞）米を噛み砕いて丸め神前に備える「しとぎもち」のこと　現在は米の粉を水で練り固めて作る

しゅためく（動詞）涙を流す　嘆き悲しむ　心が沈む　潮に濡れて雫が垂れる（しおたれる）意からきた語であろう　奄美歌に　しゅためかば　吾がこと思え

じゅずだま（名詞）「ししだま」とも　稲科の多年草で卵形の小さな実がなる　その実を糸で貫き首や襟にかけて飾りとする。女の子の玩具であった　草は陰干しにして保存し腎臓病の煎薬、実は下剤として用いた　「屋敷の空き地に柳柊……じゅずだまなど取り混ぜて植えて」（日本永代蔵　井原西鶴）

しゅばな（名詞）「うしゅばな」とも　「御塩花」であろう　不浄があった身体や家の内外を清めるために撒く塩や潮水のこと。昔奄美ではノロ（祝女）が禊に用いたり、神殿を清めるために用いた　神聖な潮水として海辺のある決められた潮溜まりからノロ自身が汲み、一般人は汲むことができなかった。また、十七夜・二十三夜・二十六夜の月待ちの夜に、祭壇に潮水を汲んで供えたが、引潮の時、足跡の無い汀から汲むことになっていた。明治大正時代は一般的なことであった。また、葬儀に参加したものが式後に身体を清めるために撒く塩のこともいう

しゅろ（名詞）棕櫚　「棕櫚を赤津隅（あかつぐ）とも云う」（南島記）

しゅんりょうぶし（名詞）俊良節　「ぎんどろぶし」「ふなぐらぶし」とも　名瀬の旧家で初代代議士基俊良翁が愛妻みよかなの不慮の死を嘆き悲しむ姿が痛ましく、誰からともなく歌い出されたという

泣くな嘆くな　金久の俊良主　刀自（トジ）の美代加那や
つもりあたんど　たがしゅみしょちゃんど

ヤーレ　トジノ　ヨーイーヤー（囃）

じょう（名詞）「じょ」「じょうぐち」とも　家の門「錠」からきた語であろう　南島全域で、浜へ下りる道のことを「はまじょう」という　昔宮中で女官の寝所との通路に鍵をかけたが、それを錠口という

奄美歌

○かにきょらさ　照りゅる　お十五夜の　お月　かながじょ（門）に立てば曇てたぼれ

○やまとはまの島や　七門口（ななじょぐち）あけて　何事のあても　ことやかつぬ

じょうき（名詞）のぼせ　のぼせ性　逆上すること　身に灸を加へて三里をやかざれば上気の事あり（徒然草）

しょうけ（名詞）笊　ざる　細く裂いた竹で編んだ容器で水きりなどに使う　「西国出雲石見加賀越前越後にてはセウケといふ」（物類称呼）

しょうじん（名詞）精進　人の死後七日間を忌み日として不浄を避け身を慎んだ　肉や魚を食べないこと　奄美では女色をも絶った

しょうじんおち（名詞）精進落ち　「しょうじんおとし」とも　忌み明けの日に干魚を焼いて食べる　奄美では葬式の七日めの夜に魚を添えて小宴を開く

しょうじんもの（名詞）肉類や魚を入れない食べ物　精進料理　「そうじもの」とも

しょうぶ（名詞）菖蒲　端午の節句　邪気を避けるために菖蒲や蓬を屋根や軒先に差す粽や柏餅を食べる　男の子の節句

しょうりょう（名詞）精霊　盂蘭盆　死者の霊魂　「しょうりょうがなし」とも

しょいん（名詞）書院　本来は書院造りの座敷を言うが、奄美の旧家では客間のことを称した

しらか（名詞）本来は繭から紬いだ白い絹糸や木綿のことであるが、奄美では麻や芭蕉などの皮の繊維を白く曝して細く裂いたものをいう　白髪のように美しく艶のある糸のこと　「しらが」とも

奥山の　さかきの枝に白香つく　木綿取付けて（万・三・三七九　長歌）

南島雑話　養蚕の事

大島養蚕のこと……皆養って能き事は心得といへども黍地田地草取黍刈甘藷植えつけ其の他諸作手入れ寸暇なき折なれば　家毎に養ふことあたはず。老母若手等手暇ある人居る家多く養ふなり。かかる家は一つ竈に真綿五六抱其上も養ふあり　予滞島の頃までは白毛をとることなかりしが　今は大方しらがを採る申すなり。島中桑樹充分植え付置きて何処も競ふて養蚕せることなれど……宇検方の真綿は製法能く色白くして至って奇麗なり。宇検真綿として名に高し

しらぐ（動詞）玄米を搗いて白米にすること　「白ぐ」からきた語か　「米しらげたり」（宇津保物語）奄美のほか隠岐・諫早でもみられる　「しらげよね」白米

しらげ（名詞）白髪

しらつな（名詞）漁法の一つで、縄に種々の物を垂らし、これを延ばして魚を一定の所に追い込み網で獲る　沖縄では「さざ―」・「たちゃ―」

しらとり（名詞）羽根の色の白い鳥　奄美では白い鳥はうなり神の霊と信じられ多くの歌に詠まれている。「しろとり」とも

奄美歌
船のそとどもに　しらとりのゐちゅり　しらとりやあらぬ　うなり神がなし

しらはま（名詞）人の足跡の付いていない美しい砂浜　奄美の人は、聖域と考えた
奄美歌
ま白しら浜　踊りする　めわらべ　色やしろじろと　ま黒かしら

しらふじょう（名詞）お産の不浄

しらむね（名詞）乳房
奄美歌
妹がしらむね　うちしめてからや　夜の明け暮れや　覚えや無えらぬ
（恋人の乳房を抱きしめていると、夜の明け暮れも忘れてしまう）

しらもも（名詞）貞操帯　白い腿からきた語か
奄美歌
加那がしらももに　なんじゃ鍵おろち　うりあけて見ちゃす　吾玉久金
なんじゃ（銀）　うり（それ）　見ちゃす（見ている）

しり（名詞）尻　後方　うしろ
奄美歌
踊り好き　吾きゃ　止めて　止まらぬ　島のしりくち　がぶ　止めて踊ろ

しろ（名詞）嘘「ああいふしろものだわな」（式亭三馬　浮世風呂）　しろもの　人を卑しめて言う時に

用いる語　嘘つき　にせもの　ずるい人

しわ（名詞）心配　気がかり　苦労　奄美では常用語である「しわする」心配している

奄美歌

しわじゃしわじゃ　糸繰りゃ　しわじゃ

しわす（名詞）陰暦十二月

しわすばな（名詞）避寒桜　琉球・奄美に咲く　他の桜と違うのは　花が紅色で開花時に下に垂れる

奄美で「さくら」は、この花をさす

じんじつ（名詞）陰暦正月七日

しんりゅうおうでん（名詞）新立王殿

琉球志　巻四

天文十四年初め、平行盛等壇ノ浦を遁れ大島に匿れしより、本邦船の近海を過ぐるを悪む。是より来往船舶颱風に遭ひて覆するものあれば、相伝へて平族の祟るところとす。是歳（天文十四年）七島の郡司等其神霊を慰めんことを尚清（琉球王）に請ふ。尚清人を遣し新に廟を建て（大島瀬名方戸口村）手書して新立王殿と称し春秋祭祀す。

平家没落由来書　安永二年巳六月　道響

行盛卿御墓所（瀬名方戸口村大城）向南の方へ海有之、日本作造の船通候得者俄に西風吹起怪我而已有之候故、行盛卿の御怒霊にて右通有之候段、七島船頭共より首里の天公加那之へ右次第御訴訟申上候に付、嘉請二十四辰二月首里御三事（参司官家老也）御諡新立王殿と相唱二八月七日、年に両度宛瀬名方古見方住用方三カ所野呂久目差寄御祭可旨被仰渡、今に仕来り申候。然處に中頃住用間切野呂久目右為御祭礼船より瀬名へ参候て破船及怪我其以後瀬名へ差越候儀相止め申候事古見方瀬名方家数より米二合五勺宛取合御御酒造調野呂久目中差寄に御祭仕候事

祭祀

行の盛　行の嶽　あをりや上　佐司笠　みよこの明川
島が上　国が上　大城　杜城　よいみ神よい命
瀬名の新立王殿　やわれしのくら　二俣大膳太夫　金久ぬき丸
天の君　大美田こはもり　盛のみ神　松の君　底の君のみ神
吾朝祖人　吾王祖人　このだるお蔵しちゃ　よこせしちゃ　よいみ神よい命
南天の伊平　主いへ司　ありきつの　よいみ神よい命
戸平口　岡降り立ち　ひりやらしや　なさししや　よいみ神よい命

す

すえる（動詞）腐る　腐敗する
すかす（動詞）なだめる　騙す　たぶらす　おだてる

すがる（動詞）酸っぱい

すがる（名詞）じが蜂　「すがりばち」とも　「すがりうなぐ」細腰の美しい女（腹部が細くくびれているので腰が細いことの比喩として用いられた）　胸別の　広き我妹　腰細の　すがるおとめの（万・九・一七三八長歌）

すき（名詞）好色　すきもん　色好み　すきごころ　浮気心

すずし（名詞）生絹　絹布　絹織物

すずりぶた（名詞）硯蓋　料理などを盛る四角盆　酒肴などを載せる広蓋のこと　硯箱の蓋を料理を盛るために用いたのか、縁のある四角盆が蓋に似ていたかであろう　夜光貝・鸚鵡貝や蝶貝など殻の光る部分を切り、器の面に填め込んで磨きだし、白色の中に紫色が浮かび上がり美しい盆を加計呂麻島渡連の旧家で見たことがある　縁のある漆塗りの大きなものを「ひろぶた」という

南島雑話　婚姻のこと

結納の品々……大豚片平　白米一俵　すずりふた一面　焼酎二合　野菜魚類過分に渡すなり

同　年中行事のこと

一月八日　医師薬種祝　村中の者各からから（酒瓶）一つと硯蓋井類持参酒宴あり

すっぱり（副詞）さっぱり　あっさり　すっぱりしてよいわいな（十返舎一九東海道中膝栗毛）

すでみず（名詞）産湯　赤児が誕生の時、明け方の井戸水を取ってその了を撫でる風習があった

すでる（動詞）生まれる　孵化する　脱皮する　巣立つ　南島全域

すじ（名詞）血統　血筋　家柄　家系　親戚　「すじも尋ねで」（大鏡）

すねふり（名詞）怠け者　長崎福岡あたりでは遊郭を冷やかすことをいった　「すねふりもの」かねて怠けているくせに人目があると忙しそうに働く者

すはま（名詞）海中に突き出た洲　加計呂麻島では干潟のことをいった

奄美歌

洲浜ぬ崎なんて　鳴きゅる鳥くゎ　伊津ぬみよ吉　まぶりだろ　「ぬ」は格助詞　「の」「まぶり」は魂のこと

すばる（名詞）昴星「ぶれぼし」「ななつぼし」とも　八丈島「すばく」・天草「すまる」・大分「すべり星」・枕崎「すばり」

八丈島の民謡

月は山端に　すばくは西に　思う殿御は　まだ江戸に

すまぶり（名詞）巣守り　鶏の巣の中に雌鳥のために卵を一個だけ残す卵のことをいう　「すもり」とも

すりうす（名詞）上下二つの臼を擦り合わせて籾殻を落とす柄のある臼のこと

すりがらし（名詞）すれっからし　悪賢い人　食いつめ者

すりぎぬ（名詞）山野の草木の汁を衣に摺り着けて染めた着物　「すりごろも」とも　「南島雑話」に摺り衣に用いる植物として、「ひるぎ」を紹介している　「住用間切りの海中に生ず　潮来時は根方三尺入水中雄の木は皮染衣　其色紫潤色あり雌木は用をなさず」　摺衣着りと夢見つ現にはいづれの人の言かしげけむ（万・十一・二六二一）

せ

せ（名詞）夫や兄弟・友人間などで、女性が男性を親しんで呼ぶ時に用いる　「せな」とも　言問はぬ
木すら妹と兄ありとふを　ただ独子にあるが苦しさ（万・六・一〇〇七）

せじみおち（名詞）精進落ち　精進落とし　肉類を食べる普通の食事に返ること　「しょうじんおち」
とも

せかい（名詞）田舎　賑やかな所から遠く離れた辺鄙な所　「遠き世界に落ち下り」（増鏡）
沖永良部民謡
世界や水車　恋すなよ　互いに廻て来る間や　待ちゆりよ

せきあぐ（動詞）込み上げる　「せきあぐる心地すれば」（増鏡）

せきかんとう（名詞）道の突当たりや門等に邪気を払うために、石敢当の漢字三文字を刻んで建てた
石碑　「せっかんとう」とも　中国から琉球奄美を経て鹿児島へ伝わった　九州内にも散見する

せく（名詞）節句　節句日　「せっく」とも　季節の変わり目に祝う行事　酒食を共にする　じょうし（上
巳）三月三日の節句　女の子の節句　「じょうみ」・「ひなまつり」とも　草餅や蓬団子を作って近
親者や近所へ配った。当日は人の数だけ弁当を作り、海や山へと行き終日遊んだ。この日に浜へ
出ないと鴉になるとの言い伝えがあった。

せばな（名詞）岬　陸の突き出た突端

奄美歌

せばないる鳥や　満潮ばうらめ　吾きゃや　あかとき　鳥ど恨みゅる

せんもと（名詞）葱の変種で百合科の多年草　葉が細く根が白い葉を食用とする

奄美歌

せんもとば植えて　ひき咲かぬうちに　何のまど出じて　花や咲きやる

南島雑話

ヒル・パビル・センモト・ハキセラと言ふ　吾藩のものより匂ひ薄く

遠島日記

嘉永三年十月二十四日　せんもとを汁の実に呉候

そ

そいぶし（名詞）男女が寄り添って寝ること

ぞうすい（名詞）雑炊　おじや　粥に味噌や野菜等を入れて煮たもの

そしら（名詞）束子　たわし　器を擦って洗う物

そつむら（名詞）いもり　井守　川や沼に棲むイモリ科の両生類

そてつ（名詞）蘇鉄　暖地に自生する蘇鉄科の常緑樹　葉は鳥の羽根のようで実は朱色である　本土ではもっぱら鑑賞用であるが、奄美では食用としていた。その食し方、種子の加工利用の仕方など「南島雑話」に詳しい。

南島雑話

一名鳳尾蕉。山野の畠に植えて常の食用に備へ、其製法は本文悉く記。久米蘇鉄と云るもの一種あり。先かかへ、葉しまりて小なり。久米、琉球の村名なり。此村より産する故に名とす。大島にも多く、地の肥たるに生れば鱗大きく、丈けのびて後は、常の蘇鉄と同じく、至えしげる地にうゆるによろし。凶歳、飢歳となれば蘇鉄を食す。食製の次第は、先ず畠にて蘇鉄を切取、葉と爪（蘇鉄の鱗なり）とを切り去り、宿に持ち帰り割、じく（芯なり）取り、脇を五分ばかり宛に藁切りにて、つかつか切るなり。粥にてもして食すなり。

奄美歌

○芋の葉やうもれ　竹の葉や抱きゅり　蘇鉄葉の如くに　そろて　いもれ

○蘇鉄のナリ（実）の　あかさやきょらさ　かなが思いの色とど似ちゅり

そでふり（名詞）別れを惜しんで衣の袖を振る風習があった

そでなし（名詞）胴ばかりで両袖の無い羽織　「児童の羽織袖無きなり」（南島雑話）

そらみみ（名詞）空耳　幻聴　かってみん（勝手耳）自分に都合の悪いことは聴こうとしないこと

た

た（代名詞）誰　何者　不定称人称代名詞　たそ彼と吾をな問ひそ九月の露に濡れつつ君待つ吾を（万・十・二二四〇）「たが言いち」誰が言った

たあさぎ（名詞）越中褌　喜界島小野では「とっさぎ」

だあ（代名詞）何処　どの場所　「だはちいもる」何処へ行くの

だいかんかりや（名詞）代官仮屋　代官所

大島私考（代官仮屋之事）

慶長十八年（一六一三）法元仁右ヱ門ヲ以大嶋代官職ト成時に名瀬間切大熊村ニ初メテ仮屋ヲ建是ヨリ以来廿四年の間代官爰ニ居住シ寛永十四有馬丹後笠利間切赤木名金久村ニ移ス同十六年有馬治右ヱ門亦大熊村ニ移ス十有六年を経て中村主計又赤木名金久村ニ仮屋ヲ移ス同四年伊集院右京又大熊村ニ移ス二十三年ニシテにして東郷喜兵衛代延宝元年赤木名に移す代々居住スルコト百二十九年　享和元年命ニヨリ和田新吾名瀬伊津部村ニ新タニ移ル慶長十八年より文化二年に至りて年数百九十三年ナリ交代仮屋は南雲新左ヱ門代宝暦四年名瀬間切龍郷村ニ作ル是を通俗移仮屋チ云フ……

大熊の交代の仮屋は役人交代のときの宿舎として使用。旧役人はここに移って船を待ったので

「移り仮屋」「古方仮屋」といった。

たいらのやすより（人名）平康頼　治承元年（一一七七）京鹿ケ谷での平家討伐の謀議に加わったことが発覚し、僧俊寛らとともに喜界島に流された（硫黄島の説もある）。昭和二十六年二月竹島の旧庄屋安永松市氏の家から平康頼の赦免状が発見された。

たかくら（名詞）高倉　奄美だけに見られる穀物を貯蔵するための蔵　「あしゃげくら」とも

南島雑話

高蔵と言へるあり。第一五穀を囲ふ為の蔵なり。柱四本丸木にして四方に地より一尺余りの所に丈夫の貫あり。是で惣体を持ち大風には動く事ありとも倒るることなし。……

たかしまのと（名詞）竹島の門　トカラ列島内の竹島のこと　海流が激しく帆船にとって難所であった。孝徳朝時代（七世紀）、遣唐使船この付近で難破したとの記録がある。

たかつき（名詞）高坏　食べ物を盛る器で足が長いもの　与論島では故人の三十三回忌に洗った米を高坏に盛り、ガジュマルの葉を斜めに挿して仏前に備える風習があった。速川に洗ひ濯き辛塩にこごろ揉み高坏に盛り（万・十六・三八八〇　長歌）

たかはいとう（名詞）高配当

大島私考（高頭之事）

享保十二年大御支配ノ検地アリ翌年七月二十五日御検地大嶋高壹萬六千七百七十八石ニ究マル

嶋中當納米　七千三百六十六石五斗

たかはしり（名詞）窓　「はしり」は戸のこと

たかまくら（名詞）安心　油断　高い枕で寝る意から

たがやさん（名詞）紅花木

南島雑話（漂物）

椰子、花杉、唐不久木、紅花木……就中笠利崎に流れ寄る

たぎつ（動詞）沸き上がる　逆巻く　湯が沸きたつ　沸騰する　心が苛立つ　景気が良い　「たぎる」とも

石走るたぎち流るる泊瀬川　絶ゆることなく　またも来て見む（万・六・九九一）

たぎり（名詞）湯

たくぶ（動詞）衣をたたむ　手繰る　「たくびきぬ」折り畳んだ衣

たくる（動詞）束ねる　手繰り寄せる　たけばぬれたかねば長き妹が髪　このころ見ぬに掻き入つらむか（万・二・一二三）

たたり（名詞）立腹　怒ること　祟り　神仏の罰

たたる（動詞）祟る　神罰が当る

―たち（接尾語）そこで育ったという意味や出身を表す接尾語　「さだめ熊野だちのやつばらにてこそあらめ」（古今著聞集）「をなぐだち」女手一つで暮らしている家庭　「をなぐだちや　ならしゃぶり」寡婦で育った子供は躾が悪い

たちー（接頭語）動詞に冠して語調を強める

たちがれ（名詞）立ち枯れ　木や草が自然とたったまま枯れること

たちぐも（名詞）入道雲　琉球や八丈島「たちぐむ」

奄美歌

あがれたちぐも　ゆきわかれみれば

たちくらみ（名詞）目まい　貧血　立ちくらみ

たちこむ（動詞）混雑する　立ち込める　人が大勢集まる　騒ぎで人が集まる　奄美ではよく使う語である

たちはき（名詞）力豆

たてぬき（名詞）織物や機の縦糸横糸のこと　たてもなくぬきも定めずをとめらが　織れる黄葉に霜な降りそね（万・八・一五一二）

たでる（動詞）痛い箇所や腫れたところを湯や薬湯で温めること　舟底が腐らないように火で焙る意も

たなおろし（名詞）種蒔き

たなきよら（名詞）舟の美称

板付舟の進水を祝う時の祝詞

沖ぬはたぬしが　やわれはたぬしが　板きょらば　潮はぎゅるしゃん　棚きょらば　潮浮けやしゃん　岬廻らば　岬とれしゅん　やわらうちかからば　やわらとれしゅみれ　思はしの泊りから　やわらうちかかれ

たなもぐり（名詞）雨雲が低く垂れ込めている曇り空　こもりくの泊瀬の国にさばよひに　吾あ来た

ればたな曇り(万・十三・三三一〇　長歌)

たななしおぶね(名詞)「たななし」とも　小舟　もとは船棚のこと　船底と船端との間の板　「たなきょら」美しい棚板を張った舟　いづくにか舟泊すらむ安礼の崎漕ぎたみ行きし棚なし小舟(万・一・五八)

たなばた(名詞)七夕　七夕祭りの略　たなばたつめ(機を織る女)の意から織女星の異名　奄美では「あめんこら星」「めおと星」という。天の川夜船を漕ぎて明けぬとも　会はむと思ふ夜袖交へずあらむ(万・十・二〇二〇)

奄美歌(七夕の歌)

○七月の七日や　糸瓜染めて　白紙にあやかち(紋書ち)竹に振らす

○夜中三ツ星や見ちゃる人や　居らぬ吾が妹(かな)しので行く道ど見ちゃる

○天の天の川　今や南と北　夜の明け次第　西と東

たなつもの(名詞)穀物　種子　種ものこと　古くは稲の種子の意味で畑作の穀類「はたつもの」と区別していた　豊穀物(とよたなつもの)を積み足らはし(奄美上代記)

たね(名詞)血筋　子孫　種子　男根

たねおろし(名詞)種下ろし　稲の籾を苗代に蒔くこと

大島私考

秋彼岸五十日前後に吉日を調べ種子を蒔く是を種子下ろしといふ

名越左源太遠島日記　嘉永三年十月五日

今日稲の苗を蒔き申候て、村中餅をつき申候由御座候　外村も村中申談、能日柄を撰び、同日に種を蒔申候て、其日に餅を一統つ申事の由御座候　其日は苗をろしと申候て、……

たのかみまつり（名詞）田の神祭り

南島雑話　巻四

志知弥賀麻（シチャガマ）鈍賀（ドンガ）両日甲子に始まる。八月中甲子なければ九月中甲子に高祖をまつる。志知弥賀麻・鈍賀の日前、材木を集め小屋を作り田の神をまつる。村中十五六歳以下、十二三歳を限り白酒を造り是を祭る。祝文あり。名瀬間切りに限り祭る也。其の祭文に曰く、

へい　へい
西のいなだま　東のいなだま
伊都部田ぶくろ　真ン中に引き寄せて
上の田ぬ稲がなしゃ　下の田のあぶしまくら
下の田の稲がなしゃ　上の田のあぶしまくら田の
うっされ　とうとう
今年ぬ稲がなしゃ　ひとつかせ　たばり搗きど
来年の稲かなしゃ　ひとつかせ　二十つが
三十つが　かほうを願おう
うっされ　とうとう

たはぶ（動詞）尊ぶ　崇め重んずる　「とうぶ」とも　琉球列島にある慶良間島のことを、神を尊ぶ島という意味で「たかべ島」といいもいう

たばかる（動詞）騙す　謀る　欺く　ごまかす　思い巡らす

たばかり（名詞）偽り　ごまかし　悪たくみ　計略　はかりごと

たばり（名詞）一把のこと

たばる（動詞）縛る

たぶ（動詞）下さる　敬意を表わす　古語の「給ふ」「賜る」にあたる　「たぼれ」下さい・「たぼち」下さって　賜って

たぶ（動詞）食べる　飲む　「とうぶ」とも　酒をとうぶ（催馬楽）

だはな　茶請けとして食べる筍のこと

だぶ（名詞）泥水　沼地　湿地　泥水を「ダミズ」とも　水を「ぶ」と言い、幼ない児に対して飲み水のことを「ぶぶ」という　鴨など取るには泥水（ダブ）へ着く時分その辺の地に烏帽子（琉球筆記）

たぼり（動詞）賜る「とうばり」とも

たまかずら（名詞）蔓草　山高み谷辺にはへる玉葛　絶ゆる時なく　見むよしもがも（万・十一・二七七五）

たまがる（動詞）びっくりする　驚く　「たまがいび」鬼火　「たまがりもん」恐ろしい顔をしている人

たまくがね（名詞）子供のこと　奄美歌

約束ぬままに来ちゃむたまくがね　家に開けてたぼれ

たまくら（名詞）男女の共寝の時に相手の腕を枕にすること　腕枕　手枕

離れ夜立ち来もかも（万・十四・三四八）

奄美歌

大王の命畏みかなし妹が　手枕

ゐんぐゎをなぐや　たまくらだちゅて（抱いて）口なめ舌なめ　よいやさ　こらさ

たまさか（副詞）偶然に　希に　時々　ふと　たまさかにわが見し人を　如何ならむ縁をもちてか

また一目見む（万・十一・二三九六）

たましい（名詞）魂　機転が利き知恵があることにも　奄美常用語

たまや（名詞）霊屋　葬式の前に遺体を暫く置く場所　死者の霊を祀ってある場所「鳥辺野の南の方

にたまやといふものありて」（栄華物語）

たまのを（名詞）玉の緒　玉を貫く紐　玉は美しいものを形容するときの美称

奄美歌

玉の緒の切れて　あたら玉散らし　貫ぬき交はす　糸のあたらえしが

たまだすき（名詞）玉襷　祭りに用いる

南島雑話（婚姻のこと）

玉ダスキの女内より出、床の前に最初より飾付有之、八寸に紙を敷、猪口形を盛塩有之を、娘の前へ持出、少し手におさへ、次に夫の方へ同断。亦、玉だすきの女水を茶碗に次、丸盆にて請て嫁の前に出す。嫁一口呑む、嫁の呑掛を夫の方へ差し出し、大又一口呑、夫より三献初まる。

たら（接尾語）男児の名前の下に太郎をつける　「タラ」は方言の発音
　南島雑話
　男子十四歳迄は何太郎何次郎といふ　其外倭名也

たる（接尾語）女児の名前に付ける
『大島支庁改名台帳の明治三年の部』（文英吉著「奄美大島物語」・昭和二十二年発行）に、女性の名前として、マートダル・イクタル・タルミダル・マンタルなどが見える

たん（名詞）人魚　「ざん」とも

たんご（名詞）桶

たんご（名詞）端午の節句　男の子の節句

だんごう（名詞）談合　相談

だんべ（名詞）太った人

ち

ち　（名詞）乳　乳房　乳母を「ちあんま」「ちうや」という　緑子の乳乞ふがごとく　天の水仰ぎてぞ待

つ（万・十八・四一二二　長歌）

奄美歌

玉乳　むりむりと　玉襷かけて　おさの鳴り音ば　聞きちど　来やをた

（あなたは美しい襷を掛けて機を織っているのでしょう。あなたの張ったきれいな胸を思い出し、おさの音を聞いて会いに来ました）

腕上げれ　上げれ　綾はづき　おがも　胸開けれ　あけれ　玉乳おがも

（腕を上げて美しい刺青を見せてくれ。ついでに胸を開けて乳房を見せて）

沖永良部島の歌

後蘭田（ぐらるた）ぬ　畦（あぶし）踏めば　ゆたみちゅり　突（ぬ）ちゃみちゅる　加那が玉乳

（後蘭田の畦を踏んだら、ゆたゆたとゆためいていた。私の恋人の乳房を触ると　はりはりと張っていた）

ぢ（名詞）地面

ちきり（名詞）重い物を計る棒状の計量器　役にたたない棒切れにもいう「ちきい」とも

ちぎ（名詞）千木　もともとは屋根上の両端に交差して突き出ている部分　古くは奄美大島と徳之島で、茅葺き屋根に残っていた

ぢぎ（名詞）郷里　地の神

ちぎり（名詞）因縁　男女の交わり　結婚の約束「前の世にも御ちぎりや深かりけむ」（源氏物語・桐壺）

ちぎる（動詞）約束する　男女が愛の契りをする　男女が交わりをする

ちとせ（名詞）千年　長い年月のたとえ　奥まへてわれを思へるわが背子は　千年五百歳ありこせぬかも（万・六・一〇二五）

ちどり（名詞）千鳥　群れをなす小さな鳥　わが背子が古家の里の明日香には　千鳥鳴くなり　島待ちかねて（万・三・二六八）

奄美歌

千鳥や　浜千鳥　ぬが汝きゃ　泣きゅり　吾母の面影の立ちど　泣きゅる

千鳥や　浜千鳥　泣くな　浜千鳥　泣けば　面影の　増さて　立ちゅり

ちゃじだま（名詞）丁香の実と水晶玉を繋いで首飾りとしたもの

南島雑話（丁字玉）

丁香と水晶玉を繋ぎたるものを、女は老若共に夏は平日掛たり。是をチャジダマといふ。女子供第一ほしがる物なり

ちゃわめ（名詞）後妻　老人と結婚した女性

ちゃん（名詞）父親を呼ぶ称　父さん

ちよ（名詞）永久　多くの年月　「ちえ」「ももえ」も同意　妹が名は千代に流れむ　姫島の子松が末に苔むすまでに（万・二・二二八）「ちゃはり」幾久しく　いつまでも　「ちんちゃはり」一日中「ちゃはる」終日　（ちゃはる降る　甘えの世界に……　琉歌）

ちょく（名詞）盃

ちょうず（名詞）手水手や顔を洗う水　「ちょうずみず」とも

ちょうの（名詞）手斧　大工道具の一つで材木を平らにする「ちょうな」のこと

ちょうまん（名詞）腹部に水が溜まる病気の名　腸満

ちょんがれ（名詞）乞食　歌を歌って門付しながら物を貰う　「ちょんがりもの」とも

ちりぢり（形容動詞）ばらばらになること　「さんぱんちり」壊れる　離れ離れになること

ぢろ（名詞）囲炉裏　地炉

つ

つくら（名詞）魚の名前　ボラのこと　「ちくら」とも　鹿児島では「づくら」　奄美民謡に多く歌わている

つけぎ（名詞）火を付けるための木片

つごもり（名詞）月末　その月の終わり

つしろ（名詞）津代　港　土地によっては「ひしろ」と発音する　津代とまりは　ではん（出帆）みなとのあるみなと（昭和三十六年二月二十二日　川崎たみ　七十八歳　口述　茂野幽考記）

つづみ（名詞）鼓　多く奄美民謡に歌われている

奄美歌

うち鳴らぎ　珍らしゃ　夜鳴る鼓　遊びで　珍らしゃ　こがねをなり

（鳴らして珍しいのは　夜鳴りするつづみ　遊んで楽しいのは美しい乙女）

つづみや打てば　一里かて　聞きゅる　吾や一里から　聞きちど　来やおた

汝きゃも　一里から　吾きゃも一里から　互いにいもゆる　今日やあらめ

づつ（名詞）なんこ（箸拳）で同数を表わす言葉　手の中に隠した箸の数が双方同じであること

つと（名詞）藁をよって作った紐　品物を提げたりする藁紐

つとめて（名詞）早朝　何事かあった翌朝　宮古島では「すてもと」

宮古島民謡「豆が花」

つとめての豆の花　明けしゃる露の花　いらよ　島の露が花よ

つび（名詞）肛門　尻

つぶし（名詞）踝　膝　膝の下の足骨

つぶり（名詞）頭

つむぐ（動詞）紡ぐ　機を織る

つむぎ（名詞）紬

つら（名詞）顔　「つらかまち」顎　顎骨　「ゆがづら」歪んだ顔　「うまんつら」馬のように長い顔・「らっきょづら」恥知らず　「つらつき」顔つき　つらづえ　頬杖　「かくや姫ものもいはすつらづえつきて」（竹取物語）

づり（名詞）遊女
つる（動詞）鳥獣が交尾すること
つるかめ（名詞）鶴と亀　鶴は千年、亀は万年といわれるので、長寿を祈る言葉や歌に多く歌われる
奄美歌
千歳経る　松の緑の葉の下に　亀の歌すれば　鶴の舞ゆり
若松が下に亀の魚の遊び　鶴や　羽垂れて舞ゆるきょらさ
今日のよか日にぬとまじわいて　鶴亀のごとに　栄え祝を
つるまき（名詞）ノロ祭りの時に十二歳から十五歳までの童女の頭に飾りとして巻く日陰鬘のこと
づれ（接尾語）一つのグループを軽蔑して言うときに使う語　「長吉づれが」長吉たちの馬鹿者共が
つれなさ（形容詞）情けない　冷淡だ　構ってくれない　つれも無くあるらむ人を片思に　われは思へばわびしくもあるか（万・四七一七）

て

て（感動詞）頷くときに発する「そうだ」「勿論」に相当する
で（感動詞）さあ　こっちへやれ　行動を促したり、人を誘ったりする時に用いる　「でで」早く、早く

てーちぎ（名詞）シャリンバイ　灌木で楕円の葉を付け、初夏に花を開く、根が大島紬の染料となる

でいご（名詞）デンギ・レンギ・デゴなど　与論島では「リンギイ」　請島では「リンギ」　南島の海岸に野生、巨木に育つために防風樹として役立っている　初夏に緑の若葉の中に真紅の花が咲く、葉は刈り込んで緑肥と、木材は柔らかいので細工物に適している。梯梧の赤い花は南島の象徴である。

宮古島民謡クイチャー節

真屋真座の大梯梧……掩いなよるかげさよ（覆い被さっている美しさよ）

てこほ（名詞）梟

てご（名詞）悪戯　戯れ　「てごろ」「てんご」も同じ意味

てさじ（名詞）手拭い

南島雑話

手拭いのことをサジといふ。八月踊りの時は、……十八以下の男子は花染め手拭或は紅織り木綿紅風呂敷類を腰に下げ飾りとす

てっちょか（名詞）鉄瓶　「ちょか」土瓶

てだがた（名詞）太陽の形　「つきがた」月の形

西阿室八月踊歌

てだがたのあむろ　つきがたのあむろ　遠島者になても　住むち見ぶしゃ

てまくら（名詞）手枕　このころの眠の寝らえぬはしきたへの　手枕まきて寝まく欲りこそ（万・十

（二・二八四四）

てぬぐい（名詞）手拭い　男女の愛情のしるしに手拭いを取り交わす風習があった。

奄美歌

亀津新里に綾手拭い忘れ　うりとりなづけて吾むぞ見りが　「むぞ」恋人

てまりうた（名詞）手鞠歌

奄美の昔の手鞠歌

ひとみい　ふたご　一つ三つ　二つ出し
よつごう　しゅりまつり　四つ出し　首里祭り
よつごう　よるひる　四つ出し　夜昼
つきんがね　とむれば　着くまで　探せば
しょうがつの　よねや　正月の　夜は
うんぬはも　つまじ　芋の葉も　摘まず
かしゃんはも　つまじ　芭蕉の葉も　摘まず
なせのしゅうたが　いもれば　名瀬の衆太たちが　参るならば
とりのぶっとて　とばそとばそ　鳥の卵取って　飛ばそう飛ばそう

てもと（名詞）箸

てよまよ（名詞）手真似、見真似

てる（名詞）手籠　「てろ」とも

琉球筆記

魚を取るに釣りもあり網もあり又居手籠（いてろ）と云ふ物にても取る　居手籠は、海底に仕掛ける魚取り用の手籠のこと

てんご（名詞）冗談　ふざけ　悪戯　「てんごう」とも　「てごろ」手の悪戯　手淫

てんと（名詞）太陽　「てんとうがなし」とも

てんま（名詞）伝馬船　荷物を陸揚げする時、本船から運ぶ艀のこと

と

と　（感動詞）相手に念を押す　～ねっ

ど　（助詞）強調したいときに使う助詞　古語の「ぞ」に同じ　「月ど照りゅり」月が明るく照っている　「汝が身ど　かなしゃ」あなたこそが、愛しい

とうとう（副詞）早く早く　「疾く疾く」の音便形

とが（名詞）罪　咎むべき行為　失策

ときのかね（名詞）時刻を告げる鐘　『南島雑話』に「大鐘時分より」という表現がある。藩政時代の奄美でも鐘を撞いて時を知らせていたのかも知れない

とぎ（名詞）話の相手などをして退屈を慰めること

とく（名詞）得　儲け

とくのしま（名詞）徳之島

琉球誌

永良部の北十八里に在り　周囲十七里余

どし（名詞）友達　仲間　同士　群れ　「知らぬ者どし」（近松）

としとり（名詞）大晦日の夜。または節分にする祝儀　としとりもち（年とり餅）大晦日の夜に円餅一個を家族全員の食膳に供えた　としとりぎん（年とり衣）新調した正月用の晴れ着　藩政時代、膝下人を抱える家では、木綿縞の着物を新調して彼らに与えたという。

としのよ（名詞）大晦日　「としのゆる」　節分の意も

としのいわい（名詞）長寿の祝い　正月十二日以内の老人の誕生年の日に「歳の祝い」を実施する。例えば、子年生まれの人の場合、一月最初の子の日に長寿祝いをする。村中の人が集まって太鼓や蛇味線を鳴らし、夜中過ぎまで祝った

とじ（名詞）妻　主婦　婦人が一家のことを司るところから、戸の主（トヌシ）が転じてトジになった

母に奉りつや　愛づ子の刀自（トジ）父に献りつや　身女子の刀自（万・十六・三八八〇　長歌）

とじうと（名詞）妻と夫　夫婦　「とじゆうと」とも

としみ（名詞）精進落とし　としみは、よにいふ精進落ちの意なり（玉勝間）

とじむ（動詞）果たす　成し遂げる　「人のとじむとなりては」（花月草子）

とぜんね（形容詞）寂しい　退屈　無聊　「とでぃなさ」寂しさ

とたり（名数）十人　「六波羅よりも名あるもの十人（トタリ）御送りにたる」（増鏡）

どち（名詞）連れ　仲間「どし」と同じ意　「ともといへるにおなじ」（類聚名物考）

とと（接続助詞）〜しつつ

とでなさ（名詞）寂しいこと　寂しさ

となか（名詞）海中　「由良の門の海中の岩礁に」（日本書紀）

奄美歌

となか乗りだし　戻しなりゆめ　としやよていきゅり　先やたまらぬ　海中（トナカ）荒波に

浮ちゅる舟のごと

とね（名詞）刀禰には神官や村里の長の意味があるが、奄美大島では祭事を司る人　「あしゃげ」の祭りの時の右手にいる男の神職

とねや（名詞）刀禰屋　祭殿　あしゃげ（祭場）の中の祝女の家をさす。

とのち（名詞）殿内

とのばら（名詞）身分の高い人

とぶらう（名詞）死を弔う　死を悼む

とべらのき（名詞）高さ丈余り石楠の葉に似て短く厚い。光沢があり小さな実を付ける。奄美では葬式の時に用いた。棺をとべらの葉で叩きながら墓地へ行き、埋葬の時に棺の上に投げ入れる。

奄美歌

後生が道立たば　送りびょうふを　とべら吾まけば　汝身やひとり

どまぐれる（動詞）狼狽する　まごつく「どまぐれもん」本心を失った者　気違い

とむ・とめる（動詞）と尋ねる　探し求める　夜ぐたちに寝覚めてをれば川瀬尋め　こころもしのに鳴く千鳥かも（万・十九・四一四六）

ともし（名詞）燭光　明かり

ともびき（名詞）友引　忌み日　昔は、この日葬式を行なうと友を引くとして一日遅らせた

とよむ（動詞）周囲に響く　春過ぎて夏来向へば　あしひきの　山呼び　響（トヨ）め　さ夜中に（万・十九・四一八〇　長歌）

とよもす（動詞）響かせる　知らせる

どろぞめ（名詞）大島紬の原料である絹糸を泥で染めること　昔、八丈島の黄八丈の黒色の部分も泥で染めた。黄色は野菜、橙色は樹皮の煮汁で染め、シャリンバイ（テーチ木ともいう）の煮汁を用いる。

どんが（名詞）八月踊り

奄美史談（明治三六年）

高祖祭りと称して五穀豊饒を祈る祭り。第一をアラセツと称し、第二をシバサシ、第三をドンガと称す。ドンガは、旧八月の甲子の日に祭る。これをみ八月といふ。男女列を成し各戸に到り庭中を巡り中央に篝火を焚き歌を謡ひ足を揃へ太鼓を撃ちて踊るなり。アラセツ、八月第一の丙の日に祭る。シバサシ、アラセツよりも九日目の日に祭る

名越左源太遠島日記　嘉永三年十月六日　甲子　晴
暁一番鶏前より起申候　ドンガ踊りに付　男女多人数相集まり　亭主庭へ来踊申候。
奄美歌
往き果てぬ　どんが　鳴り果てぬ　づづみ　来年ぬ　アラセツに祝ておせろ

とんじゃく（名詞）心配　頓着　こだわり

な

な（代名詞）汝　対称の人称代名詞　親しい相手や目下へ使う。古語の「なむじ」の略か　「なむ」も用いる　「なみ」汝身　あなた　「な・どう」君自身　「な・みとーろ」お前達三人　「近江の海夕波千鳥汝が鳴けば心もしのに古思ほゆ」（万・三・二六六）
奄美歌
今年いもるち　来年いもるち　汝がいもらな
二まわり廻ゆる帯の　三まわり廻ゆり

なーきら（名詞）薬指

なーさ（名詞）翌日　「なーあさって」翌々日

なえ（名詞）地震

なえる（動詞）萎える　手足の力が抜ける　布が皺になる　「なえ」跛行　「手に力もなくなりて　なえかかりたり」（竹取物語）

なおらい（名詞）「なおれ」とも　祭りの後の会食。神に供えた供物を食べる

南島雑話　神事

那留古国よつ神　毎年二月初の壬に渡来す。是を御迎祭（オムケ、または、オンケ）と云。御迎祭より次の壬の日に「なおれ」を行なう

ながつき（名詞）陰暦九月　九月十三夜　仲秋（陰暦八月）の名月に次いで月の良い夜で、月見をした。

ながぢ（名詞）長い道　長距離　「ながて」とも

ながはま（名詞）長浜　長く続く砂浜の意から固有名詞となった。種子島にも長浜という海岸がある。

ながめ（名詞）長雨　降り続く雨

奄美歌

ながめ　きりあがれば　沖や　とれどれと　はなれ見ゆり

ながめる（動詞）物思いに沈んでいること。

なきめ（名詞）葬儀の時に雇われて泣き真似をする女

南島雑話

死したる者あらば、身分に応じ男女多く雇い入れ泣く事あり。富貴なるは多く貧しき家はまた少なし。泣くに上手下手あり。上手は米二升を礼分に……

なぐさみ（名詞）気晴らし　楽しみ　奄美では歌や踊りの遊びをいう。古語の「慰む」にも、気晴らしをして楽しむ意味がある。

なぐる（動詞）怠ける　「なぐれもの」道楽者　遊び呆ける者　無頼漢

なしぎり（名詞）発育不良の子供　月足らずで生まれた赤子　栄養不良の子供　できそこない

なせ（名詞）男性を親しんで言う時に用いる語　あなた　「汝が背」からなったと思われる。古語「背」は、女性から夫や恋人や兄弟を親しんで言う語である。「汝背の子や等里の丘路し中だをれ吾を音し泣くよ息づくまでに」（万・十四・三四五八）

奄美歌

汝背と吾が　忍び　忍びあらはれて　明日や親吟味有らば　ちゃすんが

なたおの（名詞）刃が厚くて短い斧。「なた折れ木」木質の固い木

なっしょ（名詞）物置き　蔵　倉庫　年貢などを納入し保管する蔵のことで、「納所」からきたか

ななたり（名詞）七人　人を数える時の数名詞　一人（ちゅたり）　二人（たたり）　三人（みたり）　四人（よたり）　五人（いったり）　六人（むたり）　七人（ななたり）　八人（やたり）　九人（このたり）　十人（とたり）

ななつぼし（名詞）七つ星　北斗七星　「ぶれぼし」とも　喜界島では「ななとうぼし」　蠍座の中心の三星を「おーまぶし」という

なななぬか（名詞）七七日　仏教語の四十九日のこと　死後、四十九日目に、霊魂が成仏できるように法事を行なう。

なぬかななよ（名詞）七日七晩　奄美では人の死後、葬送の日から七夜、親族一同が集まって墓前で酒宴を開いて別れを惜しむ風習があった。

奄美歌

嘉徳なべかなが　死じゃる声聞けば　七日七夜　祝いて遊ぼ

嘉徳なべかなが　死じゃる声聞けば　三日神酒作くて　ひと七日遊ぼ

奄美歌

島の斎部加那之（イベガナシ）島守りてたぼれ　七日七夜祝いておせろ

なは（名詞）中　真中　中流　男女の仲　奄美では語中語尾のカ行音は、ハ行音に転訛する。「なはら」半分　中途半端　「ゆなは」夜中　「まんなは」真中　「なはのゐ」中の亥―陰暦十月に亥の日が三回ある時、その真中の亥の日　「なはのきぬ」肌着　「なはのおとと」二番目の弟や妹　「なはらみち」半里の道程

なば（名詞）茸　きのこ

なばんがさ（名詞）南蛮瘡　梅毒のこと　日本に梅毒がもたらされたのは室町後期といわれ、唐瘡・琉球瘡などと呼ばれた。琉球や奄美に南蛮人が持ち込んだのでなく、異国の病という意味であったろう　「琉球筆記」（宝暦十二年）に治療法が記されてある

なぶり（名詞）冗談　からかい　「さす竹の大宮人は今もかも人なぶりのみ好みたるらむ」（万・十五・三七五八）

なぶる（動詞）けなす　からかう

なべら（名詞）ナメクジ　「ゆがなべら」とも

奄美歌

わん口　ゆが口　ゆがなべら（お前の口は歪んだ口で、ナメクジだ）

なま（接頭語）名詞や動詞、形容詞の頭について、不完全、ずうずうしい　いい加減などの意。「なまづら」にやけた顔　「なまごころ」色好み

奄美歌

雨ぬなまぶりや　道ぬなんびるさ（びる―柔らかい）

どしとなまあそび　別れならじ

なむ（名詞）「なん」とも　目上に対して用いる二人称代名詞　あなた

なや（名詞）魚を売る場所

なゐ（名詞）「ね」とも　地震　「恐るべかりけるはただなゐなりけり」（方丈記）

ならちゃ（名詞）蓋付の飯碗

なり（名詞）実　蘇鉄の実をいう事が多い

奄美歌

蘇鉄のなりぬ　あかさや　きょらさ

なる（動詞）実る　出現する　実を結ぶ

なをれ（名詞）祭

なんこ（名詞）箸拳　手に隠し持った箸の数を当て勝負を決める遊び

なんじゃ（名詞）銀　「なんりょう」とも　良質の美しい銀
奄美歌
桧膳すえて　黄金（コガネ）椀ゐして　なんじゃ箸取りて　召しょちたぼれ
奄美歌
ここのへの床に　菊の花生けて　枝やなんじゃ　肝やこがね

なんとう（名詞）南島
琉球志　巻一
大景史に曰く、琉球國旧流求に作る。後、今の字に更む。一名阿児奈波島、転訛して沖縄とす。嶋海の中に居り東西に狭く南北に長く薩摩を隔てる南二百里許、多禰嶋西南にあり。……

なんど（名詞）納戸　物置き　何度衣服や調度品を置く部屋のこと

に

に（名詞）土　「にちゃ」「みちゃ」とも

にがい（形容詞）辛い　気まづい　「にがづら」嫌いな人　意地悪い

にぎり（名詞）けちんぼ　吝嗇家　欲張って取り込む　「握る」意から

にじき（名詞）寝茣蓙　寝る時に敷いて用いる茣蓙　「にじき」・「ねざしき」とも

にせ（名詞）二才　若者　若者を卑しめて言う場合に用いることが多い

　南島雑話　十五夜の夜

　二才ども集まりて、夜通し焼酎等呑遊ぶ

にし（名詞）南の島では北風をいう　「うふにし」強い北風

　奄美歌

　にしの風吹かば　まはえ（南）の　あぶしまくら

　まはえの風吹かば　にしべ（北の方角の）あぶしまくら

にしめ（名詞）煮染め　魚や野菜を鍋で煮込んだ料理　「堀江焼の鉢に　飛魚の干物、蓋茶碗に煮染め」（好色一代女）

にじる（動詞）ねじ廻す　押さえてねじ動かす　じりじりと押し付ける　「板敷きに押し当ててにじれば」（宇治拾遺物語）

によぶ（動詞）うめく　唸る「によろう」とも　古語「呻吟ふ（によふ）」からきたか

ぬ

ぬ（助詞）格助詞　口語の「の」・「が」に対応する働きをする　「山ぬ桜」山の桜　「雨ぬ降りゅり」雨が降る　疑問を表わす働き　「ぬよ」何ですか　どうしたの

ぬじ（名詞）虹「伊香保ろの八尺の堰塞に立つのじ（虹）の　現ろまでも　さ寝をさ寝てば（万・十四・三四一四）

ぬのきぬ（名詞）芭蕉衣（バシャギン）以外の布で仕立てた着物　奄美では常用語である　「荒たへのぬのきぬをだに着せがてに　かくや嘆かむ　為むすべを無み（万・五・九〇一）

ぬき（名詞）織物の横糸　縦糸を横に貫いて織る糸　「縦もなくぬきも定めずをとめらが　織れる黄葉に霜な降りそね（万・八・一五一二）

ね

ねくたる（動詞）寝乱れる　だらしない様子の「寝腐る」からか　「人ねくたれたるほど見え」（源氏物

語・蜻蛉）「ねくたれがみ」寝乱れた髪　櫛も通さずだらしない姿

ねしょ（名詞）居間　茶の間　年貢の米を納めるところ　古語では寝所をさす

南島雑話

客室を表と言ふ。その次にネショ物置きあり。下人を置く所を戸倉といふ。

ねたし（形容詞）妬ましい　羨ましい　憎らしい　「かく辛き目にあひたらん人ねたく口惜しと思はざらんや」（源氏物語）

ねなしかずら（名詞）根無し草　浮き草

奄美歌

根（モト）ど根なゆる　末の根なりゆめ　末の根なりゆし　根無しかづら

ねのとしのゆわい（名詞）正月の子の日に、子年生まれの年祝いが行なわれる。

ねのひのあそび（名詞）子の日に人々が野に出て、小松を根ごと引いて千代を祝い、若草を摘んで宴を催して遊ぶ風習があった。

ねのほし（名詞）子の星　北極星　「ねぼし」「ひとつぼし」とも

宮古島民謡

夏冬かわらぬ　子の方の星よ　曇らだ照りおる　子の方の星よ

ねのこく（名詞）子の刻　真夜中　「ねひとつ」夜十二時から十二時半頃までをいう

ねびき（名詞）婚礼　結婚式

ねぶたさ（名詞）「ねぶさ」とも　動作が鈍いこと

ねぶり（名詞）眠り　睡眠　眠ること　動詞形は「ねぶる」

ねまち（名詞）寝待ち月　二十日の月の出は遅いので寝て待つ意から

ねまる（動詞）腐る　腐敗する

ねりや（名詞）海の彼方の幸せの国　「ねりやのかみ」海の底の神

ねんごろ（名詞）妻妾　妾　情婦　男女の情交　密通　古語の「ねんごろ」には、丁寧・仲睦まじい・一生懸命などの意味がある。奄美の歌には、「ねんごろ」を歌ったものが多い。

奄美歌

ねんごろ持ちはじめ　夜の暮れど待ちゅり　吾きゃ　つかゆる主なや　夜明けど待ちゅる

の

のーきら（名詞）馬鹿者　同じ意味を表わす語に「かにのあたま」・「とおらぶる」がある　蟹の頭部はその場所がはっきり分からないところから、南瓜は図体が大きく中身が無いことから

のおきり（名詞）鋸

のやき（名詞）野焼き　初夏に植物の葉がよく茂る様に野に火をつけて枯れ草を焼くこと。

のりと（名詞）祝詞　神に申し上げる言葉

のりうつる（動詞）神や靈が人の身に乗り移る　奄美では死霊を呼び寄せることを「くちよせ」という

のる（動詞）人を罵る　人の悪口を言う

のれぐち（名詞）呪いの言葉

は

ぱあ（名詞）魚の幼児語　「ぱっぱ」とも

はえ（名詞）南風　南島や西日本でも　奄美では「フェバエ」とも

はえる（動詞）織る　糸を伸ばす

はがき（名詞）羽書　藩政時代、島に在る全ての黒糖を吸い上げる為、余計糖といわれる自家用黒糖を供出させ、代わりに渡した手形

南島史談

人民各自の注文品に対する代糖を価格表に照らし、製出砂糖より控除したる残余を羽書として振り出す。一種の流通手形なり。製出砂糖六百斤、納品及諸税四百斤、差引二百斤余計糖とす。この余計糖を各自の望みに従ひ分割し羽書として振り出す。十斤若しくは半斤百斤等その種類の多きを知らずといえども一々之を台帳に登録しおき後に勘定の用に供す。羽書は大半紙

四つ切りにして、……

はがす（動詞）逃がす　離す　放す　「おやはがれ」親に死別した子　赤駒を山野にはがし捕りかにて

多摩の横山　徒歩ゆか遣らむ（万・二十・四四一七）

奄美歌「ちゃっきり節」

はがれてや　くっかりくっかり（離れたり、一緒になったり）

はがま（名詞）釜　西日本各地で用いられ　「まだ洗ひもやらぬはがまさげ来て」（井原西鶴・日本永代蔵）

はがみ（名詞）酒「はがみさけ」とも　上代乙女が米を噛み砕き発酵させて酒を作ったという

はぎ（名詞）奄美では足の総称として用いる　宮古島「ぱぎ」　「はぎ爛れ骨現はれ見ゆ」（今昔物語）

はく（動詞）掃く　葬式の日、棺を出した後、とべらという木の枝で部屋を掃く風習があった

玉勝間（江戸時代　本居宣長の著わした随筆）

人の出ゆきし後を掃くことを忌むは、葬の出ぬる跡を掃くわざの有る故なり

はごむく（動詞）憎む　歯をむき出しにして怒る

はしし（名詞）歯肉　歯茎

はしらかす（動詞）走らせる　「おのこどもあまた　はしらかしたれば」（徒然草）

はしりこくら（名詞）駆けっこ　子供の遊び

はだら（名詞）まだら模様　まばらなこと

はちがつおどり（名詞）八月踊り　奄美では陰暦八月の盂蘭盆、十六日の晩は、先祖の魂を墓へ送る日である。十三日から十五日までは、いろいろのご馳走を供え、十六日の夕方は色紙で張り合

わせた美しい灯籠を先頭に、家族が亡くなった祖先の霊を墓へと送る。その夜は、村中の人が踊り場(広場など)に集まって踊る。大島では、八月を三八月(ミハチガツ)ともいい、次の祝い祭りが続く。あらせつ(新節)八月最初の丙の日　火の神の祭り　しばさし(柴差)新節から八日目の庚申の日　土の神の祭り「カネサル」ともいう　どんが(嫰牙)柴差から四日後の子の日　水の神を祭る　翌月には高祖祭りがある。晩秋の月が蒼く澄み渡る空に輝いてくると、島の津口浦口の集落から哀調を帯びた鼓の音と軽快な舞い歌が聞こえ始める。人々は先祖の霊を慰め神に感謝し集落の幸いを祈って無心に踊る。男も女も年寄りも子供も、鼓の音に合わせ、歌いながら身振り手振りを加え右に左に輪を描いて踊る。それは先祖の靈に捧げる舞いであると同時に、奄美三千年の民族興亡の悲歌でもある。

南島雑話

八月朔、二日、丙丁日、高祖を祭る。男女太鼓を打ち踊をする事にて村中を廻り昼夜の分無く家毎に至り廻り済まして帰るなり。名瀬方は両日(丙丁)を用いる。是を八月踊りと言ふ。

八月踊り歌(一部)―大島本島のものであるが、延々と歌われる

八月ぬ月や　ゆ(縒)り戻り戻り　ちゅなんか(一七日)七夜　踊て遊ぼ
八月ぬ節や　縒り戻り戻り　わがはたち(二十)頃や　今いつ戻る
八月ぬ節や　縒り戻り戻り　加那が年は　年縒らぬ　しゅぬち(辛気)
八月ぬ節や　来年なりば戻り　加那が年や吾年　いつが戻ろ
八月ぬ節や　夜昼待ちゅり　待ち受けたる節や　今日やあらめ

口語訳

八月の月が再びやってきた。七日七夜、大いに踊って遊ぼうではないか。

八月の季節は戻ってくるが、我々の二十歳の頃は戻ることはない。

八月の季節が戻ってきたが、あなたの若い時代が戻ってこない。残念だ。

八月は来年もやってくるが、あなたと私の年は、いつ戻ってくるのだろうか。

八月を夜と昼となく待ったのだ。その待ちわびた今日が来たのだ。

ばちかぶり（名詞）道楽者など、親の言うことを聞かない者

はつうま（名詞）初午祭　本土では、各地の稲荷で二月初めの午の日に行なったが、奄美では四月の初午の日に行なった。

南島雑話

四月初午の日には、召使いまで惣て白米の飯を食べて終日遊ぶ。

はつかしょうがつ（名詞）二十日正月　陰暦正月二十日は正月最後の祝い日として遊んだ

ばっけ（名詞）伯母の敬称　中年女性の敬称

はっさく（名詞）八朔　陰暦八月一日。農家ではその日に収穫した新しい穀物を神に供えた。奄美大島では陰暦六月に稲刈り祭りや新穂花祭りなどを行ない、八月一日は高祖祭りを行なった。

はつしお（名詞）陰暦八月十五日の大潮

ばったら（名詞）舟底が平たい小舟

はつぶろ（名詞）鬼の面　仮面の意の古語の「はつぶり」の転訛では　種下ろしの夜に、村の子が餅を

貫いに村を廻る。
南島雑話
種下ろし　竹の皮を用ひて鬼面を作る。村中徘徊して村童餅を乞ふ

はてる（動詞）死ぬ　「はつる」とも　「はてんしょち」亡くなって

はと（名詞）口笛　指笛　「いそびき」「いしょびき」とも　猟の時に注意を喚起するときや合図に吹く。踊りや歌の合の手にも用いる。人差指一本を曲げるか、親指と人差指で輪を作って、口中に入れて息を強く吹く。

奄美歌
一声はと吹かば　よこしべ（夜這い男）と思へ　二声吹かば　吾と思へ
一声はと吹かば　考えてしゅてたぼれ　二声吹かば　出じていもれ
（一声口笛が聞こえたら、他の男だから用心しておくれ。二声口笛が聞こえたら、出て来ておくれ）

はなぐり（名詞）ふざけること　色ふざけ　性的な冗談　男女が密会してふざけあうこと　「はなぐれ」・「はなごれ」とも

はなかづら（名詞）花飾り　花を糸で貫いて作った髪飾り

はなこ（名詞）墓参　墓前に供える花と線香やお供え　「花と香」から

はなぞめ（名詞）花染め　露草で染めた色　薄桃色や薄い紅色　「花染め手拭い」花模様の入った手拭

奄美歌

はなぞめに惚れて　わらべとじかめて　花のさをればや　吾こと思え
花染め手拭いや　前に結で　二才惚らしもの　花染めた手拭い

はなたり（名詞）風邪　「鼻水が垂れる」から

はなづま（名詞）花のように美しい妻　若妻　新婚の妻　「なでしこが　その花妻に　さ百合花　後も
あはむと（万・十八・四一一三　長歌）

はなひる（名詞）くしゃみ

はなみず（名詞）仏前や墓前に手向ける時の水

はにちゃ（名詞）赤黄色　黄土色　染め色として用いる粘りの有る土

はぬす（名詞）さつま芋

はばかる（動詞）遠慮する　気兼ねする　恐れ慎む

はぶ（名詞）奄美大島と徳之島に住む毒蛇ハブ　「琉球筆記」「琉球神道記」など、多くの書に紹介されている。

南島雑話

一名マジモン、毒気強く人の首より上を食へば立ち所に死す。島中男女ハブの為に打たる者年に二三十人、その半分は死す。……

南島志（明治七年）

大島には毒蛇多し。呼びて波布と云う。支那人の所謂飯匙倩是なり。

古来祝女によって唱えられたハブ除けの呪文

げすのくゎぬ　たまがりむんや（下司の子の　恐れるものは）
やまゆけば　あやまだら（山行けば　綾まだら蛇）
いそゆけば　くぢらわんさば（磯行けば　鯨・鰐・鯖）
いとちぢまき　あびらおんけんそはか（呪文の言葉）
（最後の言葉の中に、地・水・火・風・空の自然の五つの力が示され、これを唱えるとハブは、逃げ出し姿を隠すと信じられた）

はべら（名詞）蝶　「あやはべら」美しい蝶

はます（動詞）馬や犬に食べ物を与える　「かます」とも

はまなげ（名詞）小さな丸木を薄く輪切りにし、棒で打ち転がす遊び

喜遊笑覧（江戸後期の随筆）

江戸近在にてもする也。童どもこの戯をするを見たり。はんま廻しといへり。

はまにし（名詞）九月の風

はむ（動詞）食べる　食う　「はにゅい」噛む

はやす（動詞）言い触らす　誉めそやす　拍子をとって囃す

はやすけ（名詞）徳利　銚子

はやて（名詞）急に吹いてくる風　突風

はらぎたない（形容詞）意地が悪い　根性が汚い　腹黒い

はりのみみ（名詞）針穴

はる（動詞）開墾する　新しく土地を開く　「住吉の岸を田にはり　蒔きし稲　かくて刈るまで会はぬ君かも（万・十・二二四四）　「はる」開墾した土地　畑　開拓地　「はるしごと」畑作　「はるぢ」耕作地　親族　同族　「ぱるぢ」「ぱーろーぢ」とも

ばんじょがね（名詞）曲尺　木工の時に使用する曲尺

ばんちゃ（名詞）首枷　藩政時代に罪人の首にはめて身柄を拘束した鉄または木製の刑具

奄美歌

しわじゃ　しわじゃ　をぎの高切り　しわじゃ

をぎの高切り　バンチャはきゅり

ひ

ひ　（名詞）女性性器　「つび」「ほと」ともいう　「つび」は南島以外の多くの地域でも見られる。

ひうち（名詞）火打ち石　白色で青みを帯びた石英　この石と火打ち鎌を打ち合わして火を起こす

ひがごと（名詞）道理に外れたこと　心得違い　曲がったこと

ひがち（名詞）その日の吉凶

ひかげかづら（名詞）日陰蔓　山地に自生する常緑の草、奄美大島では乃呂久米祭りの髪飾りとして

用いる。「あしひきの山下日陰かづらける　上にやさらに梅をしのはむ」（万・十九・四二七八）

ひき（名詞）血をひくこと　血縁　親戚　縁故　誰々の「ひき」と使う

ひざ（名詞）奴隷　債務奴隷　藩政時代に奄美全島で行なわれた奴隷制度　島民中貢租若しくは物品代糖未納にて負債償却不能の者、又は、事故などのため身を売らんとする者は、五人組の村役に実情を訴え、役所の許可を得て十カ年季を以て之を定む。その価は男女とも大抵砂糖千五百斤（代米七石五升）より二千斤（代米十石）を通例とする。一度身を売った者は終生自由になれなかった。それは、身代糖の年々の利子四百五十斤は日々の生活費に当てられるので、満期になっても元糖は返すことはできない。「膝」の子供は主家で養育され、三十歳で独立する機会はあるが、その際、養育費千五百斤を払わなければならなかった。江戸末期の「膝」の数は全島民の二割以上、数十人を擁する豪家もあったという。

南島雑話

名瀬方十二カ村の内、佐倉村朝戸村之両村人家之男女借財のため悉く身売りして他村に行きたり。（享保年間の話）

ひじり（名詞）燃えさしの火

ひじゃまい（名詞）火遊び　「ひじゃまぼう」火遊びをする子供　「ひじゅり」稲光　雷光

ひた（接頭語）一生懸命・急ぐなどの意味を表わす時に用いる接頭語　「ひたさわぎ」大騒ぎ　「ひた照り」太陽が照りつけること　「大王は常磐に在さむ　橘の殿の橘　ひた照りにして」（万・十八・四〇四）

ひだるい（形容詞）ひもじい　空腹であること　「この一両日食物絶えて術なくて　ひだるく候ふままに」（古今著聞集）

ひつ（名詞）櫃　蓋の付いた木箱　「家にありし　櫃にかぎさし蔵めてし　恋の奴の　つかみかかりて」（万・十六・三八一六）

びっきゃ（名詞）蛙　「びき」とも　「おっとんびき」青蛙

ひと（名詞）他人　奄美では常用語

ひとだま（名詞）死人の魂　青い光を放つ人魂　幽霊　人魂の火　「ひとだまのさ青なる君が　ただひとり　会へりし雨夜はひさし思ほゆ」（万・十六・三八八九）

ひとなぶり（名詞）他人をからかうこと　いじめる　「さす竹の大宮人は　今もかも人なぶりのみ好みたるらむ」（万・十五・三七五八）

ひどり（名詞）日取り　日柄を選んでものごとを決めること　旅立ち・家の建築・婚礼など、種々の行事を行なうときに良い日を選ぶ

ひなぶり（名詞）田舎じみていること　下品　「ひんなぶり」とも

ひならべ（名詞）日頃　日が並ぶ・日を重ねる意から、毎日　日常　「あかねさす日並べなくにわが恋は　吉野の川の霧に立ちつつ」（万・六・九一六）

ひひらく（動詞）ひりひりする　うづく　焼くように痛い　疼痛

ひぼかす（動詞）魚を遠火で焼く　「ひぼかし」焼魚

ひまばん（名詞）昼食

ひめき（名詞）喘息
ひや（名詞）布を織るときに用いる経糸を掲げる糸
ひよう（名詞）日雇い人夫　「ひようとり」とも
びょうざ（名詞）病人　病弱な人
ひゅーす（名詞）鴨　「ひよす」とも
ひゆり（名詞）晴天　良い天気　天候　「ひより」とも
ひら（名詞）山の中腹　斜面　傾斜地　「ひらみち」坂道

奄美歌

高さあるひらや　行きゆどみゆどみ　待ちゅれ　玉くがね　乗り馬たのむ

ひる（名詞）奄美ではニンニクをさす　葉は細長く、球形で白い根は保存食として塩漬けにする　「醤酢にひる搗き合てて　鯛願ふわれにな見せそ水葱の羹」（万・十六・三八二九）

南島雑話

焼酎一徳利持来て候。硯蓋盛具　貝・宍・ヒル・ブンタン・玉子・午房……

ひる（動詞）乾く　乾燥する　「ひぼしいを」干魚
ひる（動詞）放つ　体内から勢い良く外へ出す　「へひりや」屁をひる人
びる（名詞）生まれつき身体の弱い病弱な人
ひるやまやき（名詞）昼の情事の意味を表わす隠語

大島日誌（写本）

明治廿四年七月七日、宇検村。学びの言葉大略を左に記す。『ひるやまやき白昼侵女子』

奄美歌

男　だはちが　いもる　色白　めわらべ

女　はんめぬ　ねんだな　と(探)めがど　往きゅる

男　はんめや　吾がどとめれば　吾ふたり　談合しゅうて

だんだん　ひるやまやきや

女　ひるやまちば　いきゃ(如何に)しが　や(焼)きゅる

男　こちこちの　やあどりじ　蓑笠かぶて　よいやさ　こらさ

ひわ(名詞)芋を大釜で茹でるとき鍋と蓋との間に置く、藁製の輪

ひん(名詞)品格　家柄　身分　容姿　風貌

宇治拾遺物語

すべてみめよく　ひん高ければ　あやしく賤しきが　能あるが立ち並ぶ折

びん(名詞)便り　音信　手紙

びんぎ(名詞)便利が良いこと　良い機会　ついで

びんだれ(名詞)洗面器　「鬢を洗う盥」からきたか

ふ

ふ（名詞）幼児語で「火」のこと　「ふう」とも

ふ（名詞）お札　お守り　守り札　「符」は、もともとは官庁が地方への出す公文書であった。「ふがわるい」運が悪い

ぶえん（名詞）生ま魚　塩分を含まない意から、刺身をいう所もある

ふがす（動詞）穴を開ける　穿つ

ふく（名詞）肺　徳之島では「ふか」

ふく（動詞）煙草を吸う　「ふきから」吸殻

ぶく（名詞）泡　水泡

ふぐし（名詞）掘り串　土を掘る小さな道具　「籠もよみ籠持ち　ふぐし（掘串）もよみ掘串持ち　この丘に菜摘ます子」（万・一・一長歌）

ふぐり（名詞）睾丸

ぶげんしゃ（名詞）金持ち　財産家　豪家

ふさ（形容詞）多い　たくさん　「射目たてて　跡見の丘辺のなでしこの　花ふさ手折り　われは行きなむ　奈良人のため」（万・八・一五四九）

ぶさ（名詞）指をだして勝負を決める、一種のジャンケン。親指は人差指に勝ち、人差指は小指に勝ち、小指は親指に勝つ

ふしぶし（名詞）あのことこのこと　あれこれ

ふしん（名詞）普請　多くの人手を借りて家や道路の修理をすること　「やぶしん」家普請　「みちぶしん」道普請

ふすぶる（動詞）煙る　燃え残って煙が出る　くすぶる　焦がす　古語　「ふすぶ」が語源であろう　「ふすべ」嫉妬すること

ふちゃらべ（名詞）三月の東風

奄美歌

ふちゃらべの吹かば　み頭（かまち）の病みゅり　北風の吹けば　気持ちの悪さ

ふつもち（名詞）蓬餅　草餅　「ふちもち」とも　蓬を「ふっ」という

ふてる（動詞）不貞腐れる　不平に思う　言うことを聞かない

ふなかたぼし（名詞）北斗七星

ふなぐ（動詞）舟を漕ぐ　「性交する」意もある

ふなぐおどり（名詞）宮古島の民謡　裸の十人の若者が十人の神女を相手に踊る。奄美の「まりけりゃおどり」もこの系統である。

ふなとのかみ（名詞）船の神　海の神

ぶなり（形容詞）形が良くない　不恰好　ぶざまなこと

奄美歌「ぶなりくねぶ」

大和浜　降り口なんや　ぶなりくねぶ　なとり　なとり　うりもて　おなりに　もたそ　もた

そ　かまそ　かまそ

ふみいし（名詞）踏み石　誓いの石　契りの石　嫁入りの時に婚家の踏石を花嫁に踏ませ、結婚の誓いをさせる風習があった。また、名瀬間切りでは、与人（ヨヒト　島で最高位の役人）となる時の儀式として、有屋村の人家の垣の下の一塊の石を踏むことが、昔からのしきたりであった。

ぶら（名詞）泡　水泡

ふらじ（名詞）頭

ぶれぼし（名詞）群れ星

奄美歌

天の群れ星や　よその上で照りゅり　くがわ三つ星や　わが上で照りゅり

ふれる（動詞）こらえる　我慢する

ふれもん（名詞）気違い　馬鹿もの

ふんごみ（名詞）玄関

へ

べ　（名詞）群れ　組　集団　仲間　「よこしべ」夜這いをして歩く男たち　「をどりべ」踊りの集団

「じょうしきべ」炊事をする人たち　下働きの人
　奄美歌
まえのやまのぼて　ししわきいりたおし　かなしゃるちゅや　二切れはごさるちゅや
一切れ　じょうしきべ　やんちゅ　むなじるあとなんぎ

へいけおちうどでんせつ（名詞）平家落人伝説　壇之浦で平家方が破れると中将平資盛、少将有盛、左馬頭行盛が、奄美大島に逃げてきたという伝説が有る。

ほ

ほう（名詞）女性性器　「ほがみ」陰部の上部、下腹のこと
ほうれもん（名詞）仕事をせずに遊んでいる者　「ほうれんぼう」外出好き
ぼう（動詞）食べる　噛む　噛る　生活する　「ぼえ」・「ぽえ」食え
ほーらさ（名詞）嬉しいこと　「ほこらしゃ」とも
　奄美歌
今日の日の誇らしゃ　何時もよりまさり　いつも今日のごと　あらちたぼれ
ほぞんかなし（名詞）火神・水神・木神・土神・金神・家神・山神・宅神・門神などを祀る。三十日

間の祓いをする。

ほだす（動詞）子供を育て上げること。

ほめく（動詞）火照る　身体が暑くなる　蒸し暑い

ほり（名詞）願望　「ほりたてる」欲張る

ほる（動詞）欲しがる　願う　欲しがる　「朝に日に見まく欲りするその玉を　いかにしてかも手ゆ離れざらむ（万・三・四〇三）

奄美歌

座しゅて歌すりば　ももだるさ　あすがで　吾きゃ欲り立てて踊りてともよ

ほれ（名詞）心奪われて虚ろなこと　老人の聾盲にもいう。「ふれ」とも　「ふれむん」気違い　人を嘲っていう時に用いる

ま

ま（接頭語）純粋・賞賛する意を表わす接頭語　「まみず」きれいな水

ま（名詞）馬　「おそま」足の遅い馬　「佐保川の小石踏み割りぬばたまの黒馬（くろま）の来る夜は年にもあらぬか（万・四・五二五）

奄美歌

天に花咲かし　地に露ゐ（坐）して　天馬に鞍かけて　吾が加那見りが

まえ（名詞）尊い人を指していう「さとまえ」恋人　庭の意にも「みやま・え」社の前庭　女陰の意味もある。奄美には、火の神は女神で嫉妬深く、火事の時は屋根上で若い女が前をはだけて下裳を振ると、火が鎮まるという言い伝えがあった。また、木で男茎を作って山神に備える風習もあったという。

まえおび（名詞）前で結ぶ帯　江戸時代は老女が用いたが、やがて遊女から一般に広がったという。奄美琉球では、明治の頃まで、帯は前結びであった。「前帯古は帯紐はみな前にて結びしなり」（嬉遊笑覧）

まがごと（名詞）災難

まがまがし（形容詞）縁起が悪い　不吉

まり（名詞）飯茶碗　木製のお椀のこと「まはり」とも

まぎり（名詞）昔の大島の行政区画　今日の町や村にあたる

大島資料

本島は極南伊須村より極北笠利まで二十里七町、極東宇宿村より極西西古見村に至る十四里一町、周囲五十九里、面積四十七平方里なり。上古は之を上下の二方に分ち、北を上を呼び南を下と称しせしが、後七間切りに分割し又十三方に分てり。一方の管する所十村内外なりとす。上方（うえつかた）笠利間切（赤木名方・笠利方）瀬名間切（名瀬方・竜郷方）住用村（住用方）下方

（しもつかた）西間切（西方・実久方）東間切（東方・渡連方）焼内間切（宇検方・大和浜方）

まぎる（動詞）紛れる　入り混じる　心が他に移る

奄美歌

白浜のまさご　月ど紛らしゅる　吾肝紛らしゅる　加那ど　やゆる

まく（動詞）共に寝る

まぐ（名詞）性交　情交　古語には妻を娶る意がある

まぐあう（動詞）性交する　目配せ（目交合）をして心を伝える意から発展したか「みとのまぐあい」とも「みと」は寝所

奄美歌

今日の良か日に　めおとまぐわいて　鶴亀のごとくに　栄え祝わを

今日の良か日に　めおとまぐわいて　巣籠もりの栄え　鶴のごとくに

まくめし（名詞）鳥の餌

まくらがみ（名詞）枕上　頭部　上の方

まくらな（名詞）浮き名　醜聞

奄美歌

枕名の立ち　別りゅるきわや　加那やみしゅらしくるしや

枕並びたる　昔のつれなさ　月や西さがて　恋し夜半

まじる（動詞）混じり合う　仲間になる　加わる　交際する

まじない（名詞）まじない　呪詛　病を治したり災を逃れる為の祈り

まじむん（名詞）蛇　奄美では毒蛇ハブをさす　「まじもの」とも　「まじもの……後に云うは、蠱毒と三虫の毒を云ふなり」類聚名物考

ましゃく（名詞）間尺　損益があった際の償い　本来は大工の用語

ませがき（名詞）「ませうち」「まがき」とも　「ませ」は古語で竹や木を荒く編んで作った垣根のこと　垣根の内の意味から屋敷内のこと

まだら（名詞）斑　色が混ざっていること　色に濃淡があること　「まだらぎん」まだら模様の着物　萩の花でまだらに摺って染めた衣　「今作る斑の衣　面影にわれに思ほゆ　未だ着ねども（万・七・一二九六）

まつ（名詞）火　松明　火を尊んで「おまつ」とも言う　＝奄美の諺　「まち（火）ぬ無ぬけぶしやたたぬ（火の無い所に煙は立たない）」

まったぶ（名詞）綾蛇

まびき（名詞）育てるのが困難な為に生まれたばかりの子を殺すこと　「類聚名物考（安永九年―一七八〇）」に国名を上げて説明してあるが、「代官記」に奄美に関するものがある。

まぶる（動詞）見守る　見つめる　じっと注視する　「まほる」とも　「当地の言葉を左記に記す。まぶる　見つめる」（大島日誌―明二十四年）

奄美歌

吾が加那まぶる　目のだるさや　朝夕ながめて　目じり下がて

まよ（名詞）眉　「月立ちてただ三日月の眉根掻き　日長く恋ひし君に会へるかも（万・六・九九三）

まら（名詞）男根　陰茎

まり（名詞）椀　水や酒などを盛る器

まり（名詞）臀部　「まりけらおどり」八月踊りの一種、男女が輪になって、女性の臀部を蹴る動作をして踊る　「まりびら」腰　「まりじま」故郷

まる（動詞）大便小便をする　「からたちの茨刈り除け倉立てむ　くそ遠くまれ　櫛造る刀自（万・十六・三八三二）

まわし（名詞）褌　ふんどし

まん（名詞）絹糸　八重山では生糸

まん（名詞）里芋

まんかい（名詞）手踊り

まんじゅう（名詞）女陰　「まんじょう」とも

まんで（副詞）どっさり　たくさん

み

み（名詞）巳　方角や時刻の名前　南南東　午前午後の十時

み（名詞）身　自分自身をさす語

み（名詞）実　果実　蘇鉄の実

み（接頭語）名詞につけて敬う意を表わす　奄美の民謡には歌語としてよく用いられる。「み船」「み手」「み山」「みてだ」（太陽）「み胸」など

みき（名詞）酒　神に供える酒　「唐国に行き足はして　帰り来むますら　建男に　御酒たてまつる（万・十九・四二六二）

みざま（名詞）容貌　様子　「みざましざま」日常の行動

みそか（形容動詞）秘密に　こっそり　人目を避けて　「昔、男、女、みそかに語らふわざもせざりければ」（伊勢物語）

みぞ（名詞）御衣　「み」は接頭語。貴人の衣服の敬称　「み袖」袖の美称　「いと寒きに　みそひとつしばし貸したまへ」（大和物語）

奄美歌

浦うつ波や　うち重ね重ね　大和殿かなし　とうみぞ重ね（着物を十重に重ねて着ている）

みずむけ（名詞）霊前に水を供え祭る　その水を「むけ水」という

みそ（数詞）三十

奄美歌

ぐらら孫八が　積み上げたる城　永良部三十ノロが　遊びどころ

みと（名詞）「みなと」とも　水門からなった語　港　入り江　河口湾　海峡　「水門（ミナト）の葦の末葉を誰か手折りし　わが背子が振る手を　見むとわれぞ手折りし（万・七・一二八八）

みとのまぐわい（名詞）性交　「みと」は寝室

みな（名詞）貝　小さな巻き貝　奄美では海の貝も淡水の貝もいう　「みにゃ」とも　「鴨じもの　浮寝をすれば　みなの腸か　黒き髪に露ぞ　置きにける」（万・十五・三六四九）

みや（名詞）宮　奄美では「あしゃげ」の神を祭る場所　「川州にも雪は降れれし　宮の内に千鳥鳴くらし居む所無み」（万・十九・四二八八）

みやま（名詞）奥深い山　奥山

みゆる（動詞）見える　動詞「見ゆ」に、古語の自発や可能を表す助動詞「ゆる」が付いたものであろう　「聞こゆる」など多用される　「み空行く　月の光にただ一目　相見し人の　夢にし見ゆる」（万・四・七一〇）　古語の接尾語「―がね」が付く用法も多い。「見るがね」見るために

みをびき（名詞）舟の往来の路となるところ　水路「潮満ちて水脈　引き行けば沖辺には　白波高み浦廻より」（万・十五・三六二七　長歌）

む

むかはぎ（名詞）向こう脛　「はぎ」は足の総称　古語では膝下　「むか」は向こう正面の意　「むけづら」睨み付けた（相手の）顔　「彼の川の　むかはぎ過ぎて　深からば」（拾遺物語）

むがる（動詞）不快に思い怒る　子供が不機嫌になって泣く　だだをこねる　古語の「むつかる」「むづかる」が原語と思われる　「大いに　むつからせ給ふあひだ」（平家物語）

むげに（副詞）まったく　すっかり　つまらない　余りにもひどい

むごい（形容詞）ひどい　残酷だ　無慈悲だ

むぞか（形容詞）可愛い　愛らしい　「むぞ」愛人

伊野波節

伊野波の石坂（コビレ）むぞ連れて登る　にやへも石坂　遠さは有らな

むちゃ（接頭語）女性の名前に用いられる　「むちゃ加那」

むつぶ（動詞）仲良くする　「むつる」「むつぶる」とも　「むつれ」朋友の交わり　古語の「睦ぶ」が語源　「太子は妃とむつびたまふや」（今昔物語）　「むつれ星」昴星（スバル）

奄美歌

新玉の年に　炭と昆布祝いて　親むつれ　子むつれ　果報なお祝い

むなしい（形容詞）何もない　中味がないこと　「むなごと」嘘　「浅茅原小野に標結ふ　むなことも
いかなりと言ひて君をし待たむ（万・十一・二四六六）
むね（名詞）胸　乳房「むなわけ」「むなち」「まむね」とも　「むなわけの広き我妹　腰細の……」（万・九・
一七三八　長歌）

奄美歌
加那が真胸　抱き惚れてからや　命切りする　覚えねらぬ
加那が白胸　うちしめてからや　夜の明け暮れや　覚えねられぬ
あかときの鶏や　羽根叩ち　鳴きゅり　肝ちゃげの加那や　胸叩ちもどろ

むまが（名詞）孫　「まが」とも
むらさきのおび（名詞）紫色の帯　「紫の帯の結びも解きも見ず　もとなや妹に恋ひ渡りなむ（万・
十二・二九七四）　女性は晴着を身に付けた時、手織りの紫色の帯を前結びにした。明治の頃ま
で見られた光景である。藩政時代、横目以上の富豪の童子は紫縮の湯巾帯を用い、その他は何れ
も紺染めの帯を用いたという。

め

めうつり（名詞）心迷うこと

めぐし（形容詞）可愛い　美しい　「父母を　見れば尊し　妻子見れば　めぐし美し　世の中は　かくぞことわり」（万・五・八〇〇）

めかる（動詞）心はなれる

めくされ（名詞）少しばかりの贈り物　「めくさり」とも　「それがほんのめくさり金だ」（式亭三馬　浮世風呂）

めくそ（名詞）目やに　僅かな事や物を蔑んで言うときに用いる

めぐわ（名詞）女　妻　「くゎ」は可愛い意の愛称　「荒雄らは　めこの産業をば思はずろ　年の八年を待てど来まさぬ」（万・十六・三八六五）

めずらし（形容詞）珍しい　普通と違っている

めのしょうがつ（名詞）目を楽しませるだけで実利の無いもの　「年越しの夜も　内に寝ず　目に正月させて」（西鶴置土産）

めまよ（名詞）目と眉　転じて人を魅了する顔の意　奄美歌

酒のはたたれや　人狂(フ)らすてもの　吾や人狂らす　めまよもたぬ
「はたたれ」は、初垂れ。焼酎醸造時に最初に出る酒のこと

めのわらわ(名詞)少女　乙女　複数形は「めのわらわべ」「ある女の童の詠める」(土佐日記)

奄美歌

月のきょらさよ　とおかみか(十三夜)

めわらべきょらさや　とをななつ(十七)

めをと(名詞)夫婦　妻と夫

も

もう(名詞)原っぱ　野原　山野　「もうあそび」野遊び

もうける(動詞)自分のものにする　運が向いた　得する

もうや(名詞)遺骸を置く家　「もや」とも　上代は死者の穢れを忌み遺骸を別な場所に移した。これを裳屋という

もち(名詞)鳥もち　黐の木の皮を削って水に浸し叩くと、やがて粘りがでてくる。これを竹の先に付けて小鳥を捕える　子供の遊びである。

もちよ（名詞）十五夜　満月の夜　「もちのひ（十五日）に出でにし月の　高高に君をいませて　何をか思はむ」（万・十二・三〇〇五）

もどかしい（形容詞）思うようにならない　心がいらいらする

ものいみ（名詞）物忌み　祭事などのために一定期間飲食をやめて身を慎む

ものいり（名詞）祝宴などの料理　「冬狭き所にて火にて　ものいりなどして」（徒然草）

ものくわせ（名詞）ご馳走　もてなしの為の給仕　「ものかませ」とも　「もと見し人の前に出で来てものくはせなどしける」（伊勢物語）

ものだね（名詞）物事の根本をなすもの

ものつくり（名詞）農作業　耕作　奄美では野菜の栽培をいう

もも（名詞）数や量が多いこと　「ももと」百の十倍　千　「ももそ」百歳　「ももか」多くの日数　「ももくさ」いろいろの草　「ももかさね」重ね着　「ももよ」百夜　「百に千に人は言ふとも　鴨頭草の移ろふこころわれ待ためやも」（万・十二・三〇五九）

ももたがみ（名詞）百田紙

み山若桜　枝もちのきょらさ　もも忍で　一枝とらな

奄美歌

名越左源太遠島日記

藤由気へ、百田紙壱束、錦絵五枚……

奄美歌

ももたしらがみに　里ぬ貌かかち　朝夕ふところに　抱ちゅり

もり（名詞）森　上古神を祀る社は森にあった。後世森を神聖な場所と考えるようになった。「木綿掛けて斎ふこのもり（神社）越えぬべく思ほゆるかも恋のしげきに」（万・七・一三七八）

ものしり（名詞）ユタ占いをする人　もともとは博識の人さす。平田篤胤は「神祇の状態を知り明せる人」と解している。『おもろさうし』では、神に仕え吉凶を占う覡（男性のミコ）として用いている

おもろさうし（一―五　あおりやへが節）

聞得大君ぎや　赤の鎧　召しょわちへ　刀うちい　大国　鳴響みよわれ　又　鳴響む　精高子が　又月代は　さだけて　又物知りは　さだけて

もりばな（名詞）茉莉花　「もえくゎ」とも　亜熱帯地方に野生する。香気は山中一里に及ぶと言い伝えられ、根を下ろした汁は毒薬になるので、中国にはこの花にまつわる伝説が多い。慶長十四年の薩摩の琉球侵攻の後、島津氏は敗者である尚寧王を伴って江戸へ上ったが、琉球王は茉莉花を家康に献上している。

琉球筆記

小さく白き花咲奇麗なる者也　寒に痛みやすし

琉球民謡

もりばな小花　もの言わぬばかり　露にうちむかて　笑て咲ちゅさ

奄美民謡

香ばしや　きょらさや　もりばな小花　加那が袖振れば　匂いちらす

や

や（感動詞）驚いたときや思いついたときに出る声。奄美では「あげー」を多く用いる

や（助詞）語中語尾に付いて疑問や詠嘆・反語の意を表す　「ひんぎろや』逃げようよ　「あすぼや」遊ぼうね

奄美歌

舟の外ともに　白鳥や坐しゅて　白鳥や有らむ　吾うなりどあたむ
春や働けば　夏や苗育ち　秋や取りつめて　冬やゆたか
昼や肝かよい　夜や夢かよい　吾が胸うちや　まどにやならぬ
朝潮満ちあがりや　ぬきつけのお祝い　夕汐満ちあがりや　いらかお祝い

や（名詞）家　家屋　「ほととぎす鳴きしすなはち君が家に行けと追ひしは至りけむかも（万・八・一五〇五）

やいと（名詞）灸

やおか（名詞）八百日　多くの日数　「八百日行く浜のまなごもわが恋にあにまさらじか　沖つ島守り」（万・四・五九六）—多くの日数を掛けて行く長い浜

奄美歌

やほか行く浜の思い　むつれ草　肝ちゃげの　加那と　むつれぐるしや
やほか行く浜にうしこみ　うちゃむ　よそがての　てかずとりや　するめ

やくのしま（名詞）屋久島　古代は南島一般、沖縄を指さしたという説もある　「文武天皇三年（六九九）秋七月辛未、多褹夜久奄美度感等人従朝宰而来貢方物」（続日本紀）　「奄美は今の大島也。夜久は今の沖縄也。度感は今の徳之島なり」（白尾国柱著　賎麻玉木）

やぐさみ（名詞）寡婦　「十月なか十日　やぐさみ　むなひするな」（沖永良部の諺―十月の中十日は日が短い。食べ物働きの寡婦雇いもするな。日が短いので損をする）

やくどし（名詞）陰陽道で人が災難に会い易いとされている年齢。奄美では、男女共十九、二十五、三十三、四十二、四十九、六十歳を大厄とし厄払いの祈祷や物忌みの行事を行なった。

やつか（名詞）本来は指四本分の長さを束といい、その八倍を八束というが、量が多いことや長いことの比喩として用いる。

南島雑話

「一把の事島民たばりといふ。……其一たべりの一把を八ツ聚て一ツになしたるを一束と云う。一束の稲、斤目弐拾五斤米にして四升有るなり。」

やど（名詞）家の戸　雨戸　「やどぐち」家や部屋の入り口　「夕さらば　屋戸開け設けてわれ待たむ夢に相見に来むとふ人を」（万・四・七四四）

やとじ（名詞）家刀自　主婦　その家の女主人　単に「とじ」とも　「とじの君の病みたまふもいとことわりなるものを」（雨月物語）

やどり（名詞）住まい　小屋　茅葺きの家　「海をとめ棚無し小舟漕ぎ出らし旅のやどりに楫の音聞こゆ」（万・六・九三〇）

やぬち（名詞）屋内　家の中　「屋の内」の略　「櫛も見じやぬち（屋内）も掃かじ　草枕旅行く君を　斎ふと思ひて」（万・十九・四二六三）　旅に出たあなたの無事を祈って家の中は掃きますまいという意味である。奄美には、元旦や葬儀の夜・旅立った後は、家の中を掃くことを忌む風習が有った。その人の魂を掃き散らさないためであったろうか。

やはずのことば（名詞）忌み言葉　口にしてはならぬ言葉　口から出ると禍を呼びそうな言葉　矢筈は矢の両端、的に矢を「射当てる」ことから、「言い当てる」とかけた。昔の人は言葉に魂が宿ると考え、忌み言葉や不用意な言葉を使うことを戒めた。

やぶしん（名詞）家普請　屋根の葺替え　村中の人々の手を借りた

やまかづら（名詞）山蔓ひかげかずらの異名　後世は衰えたが、昔は神事に仕える女子が俗世との区切りを付けるために冠った

やむ（動詞）病気になる　患う　「やみわずらい」病気　「わたぬやで」腹の具合が悪い　「腰ぬやみゅり」腰が痛い　「かまちぬやで」頭が痛い

やる（動詞）破る　「やれぎん」破れた着物　「やれむしろ」破れ筵

やる（動詞）同行する　「やらー」（一緒に行こうよ）

やわす（動詞）和らげる　おとなしくさせる　「ちはやぶる　神を言向け　まつろはぬ　人をも和し掃き清め」（万・二十・四四六五　長歌）

やをら（副詞）静かに　「やをら引き上げ入るは」（枕草子）

やんくしみち（名詞）家の裏の小道　夜這い道

奄美歌

吾がかよたる　やんくしみち　なまや　のりぬ生えて　かよいならぬ

ゆ

ゆい（名詞）田植えなど人手を要する時の共同作業、又は、その人々　「ゆいいれ」他人の労作に自から進んで加勢すること

ゆう（名詞）木綿　楮の樹皮を剥ぎ蒸した繊維を糸にしたもの　これで織った布を「たえ」という　「しらかつく木綿（ユウ）は花物言こそは何時のまさかも常忘らえね」（万・十二・二九九六）

ゆうづつ（名詞）夕星　夕暮れに西空に見える金星　宵の明星

ゆおうがしま（名詞）硫黄島　「薩摩にある島也。軽大臣灯台鬼となりて、比島にて死せられしより鬼男が島といふよし。昔より、科人をながすところ也」（浄瑠璃評注）

ゆかり（名詞）姻戚　親戚縁者　縁故　身内ち　知り合い

ゆがむ（動詞）曲がっている　間違っている　「ゆがづら」曲がった顔　「ゆがきり」心の平静を失った

状態・心労の為に痩せ衰えた状態をいう

ゆづるは（名詞）ユズリハ　海岸近くに自生し、正月の飾りに用いる　「あど思へか　阿自久麻山のゆづる葉の　含まる時に風吹かずかも」（万・十四・三五七二）

ゆで（名詞）動作が鈍いこと　「ゆでむん」のろま　「ゆどれ」鈍い人

ゆなず（名詞）汚泥　泥水　「ゆなぐ」「よなつ」「えなぐ」とも

ゆびがね（名詞）指輪　「ゆびかね」「いびがね」とも

ゆむぐち（名詞）お喋り　「ゆむた」言葉　「ゆむんどり」雀

ゆり（名詞）百合の花　「ゆる」とも　「筑波嶺のさ百合（ユル）の花の夜床にも愛しけ妹ぞ　昼も愛しけ（万・十二・四三六九）

奄美歌
うち咲きて　咲きゅる　百合の花　見れば　よて行きゅ　年も若くなりゆり

よ

よ（名詞）生涯　人生　世代　時代　世の中　あの世

よ（名詞）夜　「よごし」一晩中　「よごえ」とも　「よあらし」夜の嵐　「よがらす」夜鳴く烏　「よあか

し」一晩中　「ぬばたまの　夜明かしも船は漕ぎ行かな　三津の浜松待ち恋ひぬらむ」(万・十五・三七二一)

よ

よかれ(名詞)花びら　花弁

よかれ(名詞)「夜離る」からなる語　恋人が夜通ってくるのが絶えること　夜の訪問をしなくなる「よがれ」とも

よこす(動詞)古語では、他人の悪口を言うという意であるが、奄美では、誘惑する　夜這いをする女を犯す　「人言のよこすを聞きて玉桙の道にも会はじと言へりし我妹」(万・十二・二八七一)

奄美歌

吾や奥山の　切り石たまる水よ　よこしべや居らぬ　苔草の生えゆり

よこしべ(名詞)夜這い　夜這い男

よごと(名詞)目出度いこと祝いの言葉　吉事　「新しき年の始めの　初春の今日の降る雪のいや重けよごと」(万・二十・四五一六)

よそ(名詞)他所　他の場所　遠いところ　疎遠　関係がない　奄美民謡の恋歌によく出てくる語で友人や世間をさすことが多い　「見えずとも誰恋ひざらめ　山のはにいさよふ月をよそに見てしか」(万・三・三九五)

よなべ(名詞)夜仕事

南島雑話

夜は家々所々に女共五六人宛集まり銘々薪を持ち来りて其明りにて木綿を引き芭蕉を撃ぐ是

をオナベと言ふ

よながと（名詞）夜通し　夜長

よならべて（副詞）毎夜　夜な夜な　「夜ならべて君を来ませと　ちはやぶる神の社を　祈まぬ日はなし（万・十一・二六六〇）

奄美歌

かなしゃる人の夢や　夜ならべて見りゅり　にくさん人の夢や　月に一度

よね（名詞）米　「米（ヨネ）して返事（カヘリゴト）す」（土佐日記）

よねのいわい（名詞）米寿の祝い

よばい（名詞）夜這い　夜男性が女性の寝所に忍びこむこと　「他国に　よばひに行きて　太刀が緒もいまだ解かねば　さ夜ぞ明けにける」（万・十二・二九〇六）

よばいぼし（名詞）流星　「よばひぼし、すこしおかし」（枕草子）

よべ（名詞）昨夜

よむ（動詞）数える　「よむんどり」雀　「よむぐちうなぐ」お喋り女　「白たへの袖解きかへて　帰り来む月日をよみて行きて来あしを」（万・四・四一〇）

よりえ（名詞）寄り合い　会合　「よりあい」の転訛

よりき（名詞）流木　浜辺に流れ着いた材木

よろんしま（名詞）「在沖縄島東北。而其北接永良部島。周廻三里五町」（新井白石　南島誌「明人はユウヌと称す」と記してある）

よさり（名詞）夜となる頃　夜　古語　「去る」には時節が移る意がある。「そのよさり暑く、わりなき闇にて」（枕草子）

奄美歌（八月踊りの歌）

あらさげて汝きゃと遊ぶ　やらと思えば　今日の誇らしや　よさりしよしら
汝きゃも　あらしゃげて　吾きゃも　あらしゃげて　たげに　あらしゃげて
よさり夜かな

ら

らんぐい（名詞）川に杭を打ち込んで作った障害物　「だんぐい」とも

らんじゃ（名詞）香

り

りゅうたつ（名詞）龍のこと

りゅうがん（名詞）雨と水を司るという龍の神　龍王とも

りゅうきゅう（名詞）琉球　「琉球」という語は実に多くの書に現れる。二三の例を挙げる。

琉球誌

随書に曰く、流求は海嶋中に有り建安群の東に当たり水行五日にして至る

南島誌

琉球は西南海中に在り　洲島に依りて国を為す　沖縄島は即ち中山国なり

明一統誌

琉球国（其地在福建泉州之東海島中。其朝貢由福建以達千京師）

りゅうきゅうのことば　琉球言葉

琉球人来朝記（天保三年辰十月　京都書林）

日を　てだがなし　朝飯を　ねえさる

月を　つきがなし　昼飯を　あせ

火を　まつ　夕飯を　ゆふはえ

水を　みづ　簪を　ぎば
男を　ゐんが　三弦を　さんしん
女を　をなご　草履を　さば　遊女　ぞり　遊里を　ぞりみせ
いやじゃといふを「ばあ」、かはいそふといふを「きもちゃげさ」、ものをほむるときを「きょらさ」といふ。

琉球筆記（宝暦十二年）琉語大略

日　てだがなし　月　つきがなし　火　おまつ　南風　はえ
北風　をきにし　冠　はちまき　男　うきが　女　おいなご

りんき（名詞）嫉妬　妬み　やきもち

奄美歌

りんきするうなぐ　夏はべら（蝶）心　ともしびうばて　吾が身取りゅり
（悋気する女は、夏の蝶のようだ　灯火に飛び込んで　我が身を滅ぼす）

ろ

ろくどうせん（名詞）死者を葬るとき棺の中に入れる銭形の紙片　三途の川の渡し賃といわれ、明治

初期まで奄美で行なわれていた。「六文銭」とも　「死ねば銭六文より外はいらぬものを」（山東京伝）

わ

わ　（代名詞）自称の人称代名詞　私　われ　自分　「望陀の嶺ろの笹葉の　露霜の　濡れてわ来なば　汝は恋ふばぞも」（万・十四・三三八二）

奄美歌
吾ったり（二人）どや　実久の坊やくめ　子生し孫見るまで　吾ったりどや

わかうりずん（名詞）旧暦二三月の頃の季節

わかなつ（名詞）四五月の稲穂の出る頃

わかされ（名詞）分家

わかみず（名詞）若水　元旦の朝に汲む水のこと　一年の邪気を除く
奄美歌
三京（みきょう）のくし　南川なん若水あんど　夫ふる女　それで浴せ浴せ

わく（動詞）水田を鋤く

わくかせ（名詞）糸車の異名

わすれくさ（名詞）百合科で山野に自生する忘れ草のこと　中国の『詩経』に人に憂いを忘れさす草とあるので、古くは恋の苦しみを忘れるために下着の紐などに付けた。「忘れ草わが下紐に着けたれど　鬼の醜草　言にしありけり」（万・四・七二七）

琉球筆記

忘れ草とて小さき環三つ程を一つに付けそれに木の葉や魚や雲などの形を付け銀や錫などにて鋳たるものあり。物を忘れぬため無名指へ入る事なるよし。記憶環也。

奄美歌

忘れ草取りやに　忘れろにすれば　思いまさりまさり　忘れぐるしや

（忘れ草を取って、忘れようとすればするほど　思いは勝ばかりである）

土佐民謡

忘れ草なら　一本欲しや　植えて育てて　見て忘れよう

わた（名詞）腸　腹　心の意にも「わたくされ」心が腐っていること　腹黒いこと

わだかなし（名詞）海の神

南島雑話

ナルコテルコより来たる神とは別也　島の神也　陰嚢大にして地に曳く

わたつみ（名詞）海の神

わっさり（副詞）あっさり　さっぱり　簡単に

わじわじ（副詞）震える様子をいう　怒り震える様子などに用いる

わぬ（代名詞）我　奄美では常用語である　「うべ子なは　わぬに恋ふなも　立と月の流なへ行けば
恋しかるなも」（万・十四・三四七六）
奄美歌
わぬやうらきりて　浜降りて見りば　白波や立てど　加那や見ららむ

わやく（名詞）子供の悪戯　無茶　腕白　無茶　無理　冗談

わらしべ（名詞）稲穂の芯　奄美では手指の間接や長さを基本にして灸点を付ける時に藁しべを用いた

わらべ（名詞）子供　男児　「わらわべ」とも　「めわらべ」女児　「わらべとじ」若妻
奄美歌
としよめば四五十　肝や今（なま）わらべ　いかがしゅる　吾肝わらべ

わらや（名詞）藁屋　粗末な家　「世の中はとてもかくても同じこと　宮もわらやも　はてしなければ」
（新古今和歌集）

わろ（名詞）召使や低い身分の者に言う　野郎　「こんわろ」この野郎

ゐ

ゐご（名詞）集落における労力の共同出資のこと　労力の提供とその貸借　共同作業の意の「ゆゐ」に、組織の一単位を示す「ご」が結合してできた五人組制度　奄美の「ゐご」組織は、明治初年まで行なわれた。

ゐざる（動詞）座りながら膝で進む　「御衣をすべしおきて、ゐざり退き給ふに」（源氏物語）

ゐで（名詞）井堰　堰　水を他所に引く為にせき止めたところ　「泊瀬川　流るる水脈の瀬を速み　ゐで越す波の音の清けく（万・七・一一〇八）

を

を（感動詞）応答を表わす　はい

を（名詞）麻　麻または芭蕉から取った糸　紐の意も　「ひとり寝と薦朽ちめやも　綾席緒になるまでに君をし待たむ」（万・十一・二五三八）　「をとめ等が績麻（うみを）掛くとふ　鹿背の山　時の行けれぱ都となりぬ」（万・六・一〇五六））

を（名詞）丘　嶺　山の高い所　「あしひきの八峰（を）の雉鳴き響む　朝明の霞見ればかなしも」（万・十九・四一四九）

をぎ（名詞）砂糖黍の古名　「甘蔗に二種あり。竹蔗及び萩蔗とす。共に搾りて砂糖を製すべし。本島の蔗は荻蔗なり。島民、甘蔗を荻といふことあり」（本田私考）

　奄美歌

　しわじゃ　しわじゃ　をぎ切り　しわじゃ　をぎの高切り　板はきゅり

（砂糖黍を地表より高い位置で切ると、刑罰を受けて足枷を履かされるぞ）

をがむ（動詞）神仏を礼拝する　目上の人と対面したり出会うこと

をしき（名詞）お盆　食器を載せる足のない膳で、奄美で常用する硯蓋より小さい

をじ（名詞）小父　翁　男性老人に対する敬語　「あしひき山田守る翁が置く　蚊火の　下焦れのみわが恋ひをらく」（万・十一・二六四九）

をす（動詞）お食べになる　お飲みになる　古語には統治するの意あり　『うつせみの命を惜しみ　波にぬれ　伊良胡の島の玉藻刈りをす」（万・一・二四）

をなぐ（名詞）女　「うなぐ」「いなぐ」とも　をなぐや　ゆむんどり（女は、お喋りだ）

をなりがみ（名詞）愛人

　奄美歌

　舟の高ともに　ゐちゅる白鳥　白鳥やあらじ　をなり神　かなし

をりふし（名詞）季節　場合　ちょうどその頃

をんじょ（名詞）野良着　太い糸やぼろ布で織った袖無しの野良着

南島雑話

をんじょ　背負衣装を云ふ　樵貧賊の男女畠作等に着す

あとがき

私は、昭和十四年に東京で生まれ、十八年に鹿児島へ疎開、終戦の翌年の昭和二十一年四月に鹿児島市内の小学校に入学しました。辺り一面の焼け野が原で、校舎も無ければ教科書も文房具も無い一年生です。入学早々、私は同じ学級の最初の友となるべき相手に、「誰々君」と呼びかけ、自分のことを「僕」と言ったのでした。相手は怪訝な顔をしましたが、傍にいた上級生が口にした「よかぶっな」という一言で、私の小学時代の学校での位置が決まってしまいました。

「よかぶっな」とは、良い格好をするな、上品ぶるなという意味です。その頃の学童は、先生の前では『標準語』を使い、友人同士は鹿児島弁で遊んでいました。私は鹿児島方言が使えなかったのでした。自分のことを「おい」、同級生には「わい」と呼びかけるべきであったと知ったのは、後のことです。敗戦直後、ラジオは戦災を免れた家にはあったのかもしれませんが、私の周辺では見ませんでした。ただ、バラック立ての商店が、客寄せのために音を外へ向かって出していましたので、夕方になると、その店の前で『鐘の鳴る丘』などの子供向け番組を聞いてから家路についたものでした。考えてみると、鹿児島に疎開してきてから、私には友人がいませんでした。何時はじまるか分からない空襲に備え、常に親の目の届く範囲内で遊んでいたからです。

私の父が耳にした明治後期から昭和初期にかけての奄美方言の多くも、今は死語となったものがあると思います。名瀬の町を歩いても、子供同士の会話に島口（島の方言）を聞かないし、大人達も余り使わないような気がします。島のお年寄りの会話が何故か懐かしく、私はいつも耳をそばだてています。私の父が消えてゆく島の言の葉を記録しておこうと思ったことは、素晴らしい発想だったと思います。なぜなら、私が幼い頃に耳にした鹿児島方言も、今はほとんど耳にしなくなりましたから。

再版のためのあとがき

二〇〇七年（平成十九年）、私は「奄美現存古語注解」と題する本を方言研究者と奄美方言に興味を持つ人を対象にオンデマンド方式で出版。そこで奄美の各町立図書館に寄贈した上で「奄美現存古語注解」が町立図書館に入っていることを地元紙で紹介してもらいました。私の家の電話番号が何処からか漏れたらしく、書店流通をしなかったことへの抗議の電話が幾つもかかってきて対応に苦慮したことを思い出します。逆に言えば、その頃は奄美方言に興味を持つ人が多かったことになり、方言が消滅の危機に瀕している現在、「現存奄美古語注解」の復刊を世に出すことは意義があるのではないかと思っています。

奄美群島は、戦後はアメリカの軍政府下に置かれ本土と切り離され、一九五三年（昭和二十八年）十二月に念願の本土復帰を果たしました。本土との交流が始まると、名瀬市在住の母の旧友や親戚が遊びに来るようになり、母は島の友人と話す時だけ楽しげに方言で話していました。中学生の私には全く意味が分からず、日本に二つの言語があると思い込んでしまったのです。大学で国語国文に進み卒論で奄美方言を取り上げたのは、母が友人と話す「別な日本語」の正体を明らかにしたいという思いからでした。約一年で書いた論文は欠点の多いものとなりましたが、その「用言の活用」部分は父の計らいで奄美大島の地元紙・南海日日新聞に載せたことがあります。

私が県立高校の国語の教員になった一九六三年（昭和三十八年）に、奄美でもＮＨＫのテレビが見られるようになった一方で、奄美方言は消滅へと向かうことになりました。昭和四十年代の中頃、島の調査から帰った父が「小学生が標準語を使って遊んでいたから、やがて奄美の言葉は地上から消える」と言い、父は怪訝な顔をする私に『奄美に於ける方言撲滅運動』のことを話しました。「将来島外に出て方言を使えば人に馬鹿にされる」として、学校は生徒に方言を使わせない運動を展開。校内で方言を使った子に「方言札」を提げさせた結果、子供たちは学校では共通語を使い、校外では方言を使って遊ぶようになったとのことでした。

後から考えると、この頃から父の方言語彙蒐集は始まったと断言できます。

昭和六十二年に父は老衰で死亡、遺品を整理していて紙片の山を発見。父が蒐集した奄美方言のカードには、私が口伝えで語った古語の意味が走り書きで加筆され全体が整理されていました。

紙片の山の冒頭には「文部省人文科学研究助成金申請書」の下書きが記されていて、詳しく読むと、出版した時の「序」と「あとがき」として読めます。日付は昭和五十九年三月、その三年後に亡くなりました。私は父の遺志を継ごうと決め、在職中は仕事に追われて研究に取り組む暇がないので、資料の散逸を防ぐ意味もあって父の故郷・奄美大島の瀬戸内町立図書館・郷土館に寄贈しました。

二〇〇〇年（平成十二年）に定年退職を迎えた私は、琉球奄美の民俗研究のために上京。勉強の傍ら瀬戸内町立図書館から父の方言カードを借り出して調べ直したりして原稿の体裁に整理。「あ行」は在職中からすると五年かかってしまいましたが、後は慣れもあってスピードを速めることができました。一区切りつくごとに、奄美沖縄関係図書を専門に出版するまろうど社に送り、機関紙「きょら」に掲載。掲載終了と同時に『奄美現存古語注解』の名を付して二〇〇七年にオンデマンド方式で出版。この度、その再版を文芸・学術書専門の出版社である鳥影社で世に出すことになったことを名誉なことと思っています。

茂野洋一

〈著者紹介〉

茂野　洋一（しげの　よういち）

1939年　東京に生まれるも、1943年に鹿児島に疎開、
空襲で全てを失い父は鹿児島居住を決めた。

1963年　鹿児島大学文理学部卒・鹿児島県立高校教諭

1994年　南日本新聞社主催の懸賞小説の『新春文芸小説部門』で「紙の卒塔婆」が受賞

2000年　定年退職を機に奄美・沖縄の歴史民俗研究のために上京

2001年　「道之島遠島記」が第二回『中・近世文学大賞』創作部門優秀賞を受賞
「道之島遠島記」を出版

2005年　歴史小説「南島古潭」出版

2007年　「奄美現存古語註解」をオンデマンド方式で出版

2024年　歴史小説「重野安繹伝」出版

奄美現存古語注解

2024年12月 7日初版第1刷発行
著　者　茂野洋一
発行者　百瀬精一
発行所　鳥影社 (www.choeisha.com)
〒160-0023 東京都新宿区西新宿3-5-12トーカン新宿7F
電話 03-5948-6470, FAX 03-5948-6471
〒392-0012 長野県諏訪市四賀229-1（本社・編集室）
電話 0266-53-2903, FAX 0266-58-6771
印刷・製本　モリモト印刷

ISBN978-4-86782-118-3　C0081